Henri Boulad

MYSTISCHE ERFAHRUNG
UND
SOZIALES ENGAGEMENT

Henri Boulad

MYSTISCHE ERFAHRUNG UND SOZIALES ENGAGEMENT

Französischsprachige Vortragskassetten übertragen von
Wolfgang Bahr

Bearbeitet und herausgegeben von
Hidda Westenberger

OTTO MÜLLER VERLAG

Annemarie Sandner
94577 Winzer

Die Deutsche Bibliothek – CIP-Einheitsaufnahme

Boulad, Henri:
Mystische Erfahrung und soziales Engagement / Henri Boulad. Nach den französischsprachigen Kassetten übertr. von Wolfgang Bahr. Bearb. und hrsg. von Hidda Westenberger. - Salzburg : Müller, 1997
ISBN 3-7013-0950-7

ISBN 3-7013-0950-7

Umschlaggestaltung: Leo Fellinger
Satz: Fotosatz Rizner, Salzburg
Druck: Druckerei Roser, Salzburg

Inhalt

„Armut"
Kreidezeichnung von Henri Boulad

„MEIN BLICK IST EIN SAKRAMENT“

Vortrag „Die Weisheit des Herzens“, gehalten im Bildungshaus Sankt Virgil in Salzburg vor Mitarbeiterinnen und Mitarbeitern der Caritas der Erzdiözese Salzburg am 23. Mai 1994

Ich möchte unsere Begegnung mit der Frage beginnen: „Glauben Sie an Engel?“ Das mag Sie befremden, denn die Engel gehören ins Reich der Mythologie und nicht hier her, außerdem werden sie allgemein heute bezweifelt. Ich aber glaube an Engel.

Zuerst einmal: Ein Engel ist eine Manifestation Gottes. Wenn Gott in der Bibel erscheint, wird nicht gesagt, daß es sich um Gott handelt, sondern es erscheint ein Engel. Als Jakob Gott begegnet und den Kampf mit Gott aufnimmt, wird nicht von Gott gesprochen, sondern von einem starken Engel. Tatsächlich handelt es sich aber um Gott. Gott zeigt sich mit den Zügen und Kräften eines Engels. Was ist überhaupt ein Engel? Versuchen wir, gemeinsam darüber nachzudenken.

Als Gott die Welt erschuf, verbarg er sich vor der Welt, damit die Welt nach ihren eigenen Gesetzen, nach ihren eigenen Regeln funktionieren könne. Und nachdem er die Welt geschaffen hat, zieht er sich zwar von ihr zurück, agiert aber in der Welt nur mehr mittels dieser und ihrer Geschöpfe.

Gott hat keine eigene Zunge, aber heute abend hat er meine Zunge, um zu Ihnen zu sprechen. Gott hat keine Füße, aber er hat Ihre Füße, die Sie ins Bildungshaus Sankt Virgil getragen haben. Mit anderen Worten: Gott, der ohnmächtig ist, handelt durch seinen Geist und durch uns, die wir seine Inspiration in die Tat umsetzen oder auch nicht. Wenn der Geist Gottes, der im Menschen wirkt, in uns diese Bewegung auslöst, dieses Ja, diese Zusage, dann handelt Gott. Es ist unerhört: Man spricht zwar von Gottes Allmacht, aber eigentlich gibt es diese Allmacht nicht mehr im alten Sinn. Seine Allmächtigkeit hängt ab von unserer Einsicht und unserer Zustimmung. Wenn wir nein sagen, kann Gott nicht gegen-handeln. Gott ist gebunden an die Freiheit des Menschen, an sein Ja, an sein Nein. Es ist erschreckend, aber es ist so.

Und auf diese Weise – wenn Gott durch mich handelt – werde ich sein Engel. Ich lasse Gott bei einem ganz bestimmten Tun Gestalt annehmen. Der Engel ist die Inkarnation, die Fleischwerdung Gottes, in einer bestimmten Handlung, in einer präzisen Botschaft, die Gott ankommen lassen möchte. Ich werde zu einem Engel in dem Maß, in dem ich mich vom Geist Gottes erfüllen und führen lasse; Gott drängt mich geheimnisvoll zu einer Handlung, die eigentlich die seine ist.

Bei meiner Ankunft in Wien habe ich in meinem Zimmer eine Vase mit herrlichen Lilien vorgefunden; eine befreundete Dame hat sie mir dort zum Empfang hinstellen lassen. Diese Blumen waren für mich ein Fingerzeig Gottes. Gott, der mir sagen wollte, wie sehr es ihn freut, daß ich nach Wien komme, hat einer Dame diese Geste eingegeben, und die Blumen auf meinem Tisch, die ich mir zur stillen Betrachtung zurechtrückte, sind für mich zu einem Zeichen der Liebe Gottes geworden. Diese Dame ist für mich ein Engel.

Ich nehme ein anderes Beispiel: Bei Tisch werden wir hier in diesem Hause von jungen Damen bedient; sie sind sehr liebenswürdig; mit einem sympathischen Lächeln kommen sie und bringen uns die Suppe, die Hauptspeise, den Kuchen und den Tee. Inwieweit haben wir einen Blick dafür, daß wir uns sagen: Gott, Du hast mich lieb, Du hast diese Menschen im Auge, die mich umgeben und die zu mir kommen, um mich zu bedienen? Der Begriff Engel sollte für uns zu einem Begriff der Alltagssprache werden, mit dem wir all das bezeichnen, worin wir das Wirken Gottes erkennen. Wir erkennen Gottes Hand in jener, die uns das Notwendige bringt, und Gottes Lächeln in jenem, der uns das Herz öffnet. Den Blick Gottes in der Krankenschwester, die sich im Spital nach einer schwierigen Operation über uns beugt. Den Händedruck Gottes, wenn ein Freund zu uns kommt und sagt: „Ich bin bei dir, in deinen Schwierigkeiten, in deiner Traurigkeit." Und ich spüre diese Wärme, diesen menschlichen Kontakt in meiner Umgebung, an meiner Seite; es ist Gott, der durch den Menschen spricht. Es ist Gott, dessen Puls ich in dieser Menschenhand spüre. Und umgekehrt: Wenn Gott uns drängt, jemandem die Hand zu halten, jemanden zu streicheln, ihm Mut zuzusprechen, ist es das Handeln Gottes, das durch mich sichtbar wird.

Was ich hier sage, ist kein Versuch, die Vorstellung des Engels zu entmythologisieren, vielmehr ein Versuch auszudrücken, was diese Vorstellung in der Bibel besagen will. Als der Engel Gabriel zu Maria trat, war das wirklich ein Himmelsbote? „Vom Himmel hoch, da komm' ich her?" Der Engel kommt nicht vom Himmel, der Engel kommt von der Erde, denn Gott ist hier! Das Wort „ángelos", von dem sich das Wort Engel ableitet, bedeutet im Griechischen schlicht und einfach ‚Bote'. Ein Bote muß nicht unbedingt vom Himmel geschickt sein. Und im übrigen entspricht diese Vorstellung eines Engels voll und ganz der Vorstellung der Inkarnation: Gott nimmt Menschengestalt an durch menschliches Handeln. Derzeit sind bei diesem Handeln Gottes die Handelnden wir.

Bei einer Ausweitung des Gesagten müssen wir in unsere Betrachtung auch den Begriff des Sakraments einbeziehen. Die Katholiken sprechen von sieben Sakramenten; die Protestanten sagen, es gibt drei. Sind es also drei oder sieben? Soll ich Ihnen sagen, was meine Meinung ist? Es sind weder drei noch sieben. Es sind siebenundsiebzig, es sind siebenundsiebzig mal sieben Sakramente. Es sind siebenhundertsiebenundsiebzig mal sieben Sakramente. Es sind siebentausendsiebenhundertsiebenundsiebzig mal sieben Sakramente. Warum den Begriff Sakrament auf sieben beschränken? Tatsächlich ist die Zahl sieben mehr eine symbolische als eine reale Zahl. Warum sollte Gott nur durch sieben Sakramente wirken? Auch dieses Mikrophon ist ein Sakrament Gottes. Es erlaubt mir, mit Ihnen zu kommunizieren. Es kann zum Träger der Liebe und der Wahrheit werden. – Auch dieser schöne Blumenstrauß vor mir ist ein Sakrament. – Ein Sakrament ist jede Realität, die Gnade bringt. Und Gnade ist immer ein Handeln Gottes, es ist die Liebe Gottes. Hat man das einmal begriffen, eröffnet sich eine neue Welt. Eine mystische Welt.

Wenn uns diese Realität des Sakraments aufgeht, begreifen wir die ganze Welt im Sinne Christi. Die christlich verstandene Welt ist die Welt der Inkarnation. Das Sakrament ist ein wahrnehmbares, erfahrbares Zeichen der Gnade. Nun sind aber die wahrnehmbaren Zeichen, die uns umgeben, dauerhaft. Und sobald wir erfaßt haben, daß Gott in meiner Seele auf mich wartet, durch Vermittlung meines Körpers, durch konkrete Gesten, in diesem Augenblick wird die Realität, in der ich lebe, geheiligt.

Wenn man sagt „Die Ehe ist ein Sakrament", möchte man damit nicht sagen, daß da eines Tages am Nachmittag der Priester gekommen ist mit den Brautjungfern, die das Brautpaar mit Blumen beworfen haben? Dann kam die Segnung durch den Priester, und damit war das Sakrament auch schon zu Ende. Mit anderen Worten: Das Sakrament wäre ein bestimmter Augenblick gewesen, in dem Gott eine heilige Handlung setzt. Die Verheirateten unter Ihnen könnten dann sagen: „Ich habe das Sakrament der Ehe am 17. Juni 1970 in Sankt Soundso empfangen." Falsch! Ganz falsch! Das Sakrament der Ehe ist nicht ein einziger Augenblick, in dem Sie das

Sakrament empfangen haben, und dann Schluß, basta. Wenn das Sakrament so aussähe, dann wäre es eine Katastrophe! Nein, das Sakrament der Ehe umfaßt das ganze Leben der beiden Ehegatten, miteinander, Tag für Tag, Nacht für Nacht, all die langen Jahre ihres Ehelebens. Das Sakrament spenden diese beiden einander. Das Sakrament ist ein Akt von Dauer, ist ein Akt, der sich fortsetzt, durch jede Geste, jedes Lächeln, jede Zärtlichkeit, jede Begegnung, jeden Wortwechsel usw. Das Sakrament handelt, das Sakrament ist eine Realität, die weiterwirkt. Und der Beginn ist nur ein Ausgangspunkt, nicht das Sakrament schlechthin. Das Sakrament sind Sie, die Eheleute, die sich wechselseitig hingeben, das ganze gemeinsame Leben lang.

Oder nehmen wir das Beispiel der Eucharistie. Wir haben aus der Eucharistie etwas ganz Eigenes gemacht, etwas, das ausschließlich der Priester vollziehen kann, im allgemeinen in einer Kirche, am Sonntagvormittag. Da gibt es die Kommunion, das Ganze ist ein sakraler Ritus, isoliert im Wochen- oder Tagesablauf einer Person. Die Eucharistie – ein Sakrament. Davon abgesehen bleibt der Rest des Tages ein gewöhnlicher Tag. Hat Christus mit der Eucharistie das bewirken wollen? Hat er wirklich eine sakrale Realität schaffen wollen, die im Leben des Menschen eine Enklave ist? Oder hat er nicht vielmehr die gewöhnliche Mahlzeit heiligen wollen? Unsere Neigung, Handlungen herzunehmen, um sie zu sakralisieren und in Kapseln zu isolieren, kleine heilige Luftblasen inmitten eines entheiligten, unheiligen Universums oder menschlichen Lebens, diese Neigung ist furchtbar! Wenn die Eucharistie nicht die Mahlzeit heiligt, die ich heute eingenommen habe, zu Mittag, in diesem Salzburger Speisesaal, mit vielen lieben, freundlichen Menschen am Tisch, hat die Eucharistie keine Bedeutung mehr. Das Sakrament gewinnt nur dann Bedeutung, wenn es den Rest des menschlichen Lebens heiligt! Andernfalls entspricht es nicht der Absicht Jesu: „Tut dies zu meinem Gedächtnis." Jesus sagt nicht: „Vollzieht einen sakralen Ritus." Sondern: „Ich bin gegenwärtig in jeder Mahlzeit, in jeder Begegnung, ich bin anwesend in der geschwisterlichen Liebe. Dies ist mein Leib, der Leib, den ihr teilt, es ist das Brot, es ist diese tägliche Mahlzeit. Heiligung des ganzen Lebens."

Schauen Sie mir zu: Ich nehme dieses Glas Wasser. Ich schließe die Augen und trinke. Sie werden sagen: „Was macht er da? Was soll das?" Und ich sage Ihnen: Ich habe mit Gott kommuniziert! Wenn ich mir bewußt geworden bin, daß dieses Wasser Träger des Lebens ist, dann ist es für mich zum Sakrament geworden. Wir sollten, wenn wir Wasser zu uns nehmen, immer ein Sakrament daraus machen, in dem Gott enthalten ist! Es gibt eine mystische Art zu essen, eine mystische Art zu trinken.

Wir sind gehetzte Leute. Fast food ist in, man drückt auf Knöpfe: Sandwich, Getränk. Man leert die Flasche, in drei Sekunden ist der Inhalt in der Tiefe des Magens verschwunden. Es mangelt uns an der Fähigkeit, im biologischen Vorgang einen geistigen zu erkennen. Der Vorgang des Essens, der Vorgang des Trinkens, ist ein Vorgang, durch den sich mir Gott mitteilt: durch dieses Getränk, das so rein ist und so gut! Es würde schon genügen, könnten wir einfach auf das achtgeben, was wir tun: Wenn wir Wasser kosten, kosten wir Gott. Die Eucharistie am Sonntag müßte bewirken, daß wir Gott in der gewöhnlichen Nahrung im Alltag schmecken, im ganz einfachen Getränk. Ich spreche gern vom mystischen Genuß, von der religiösen Sinnlichkeit, denn sie erlaubt uns, Gott in einem gewöhnlichen menschlichen, physischen Akt zu entdecken, durch den wir Leben empfangen.

Und wenn mir dieses Wasser von jemandem mit einem lieben Blick gebracht wird, ereignet sich ein zweifaches Sakrament, ein Sakrament zum Quadrat. Denn da ist einerseits das

Wasser, das ich trinken werde, das Träger des Lebens und neuer Frische ist; und andererseits das Lächeln der Person, die mir das Wasser bringt. So wird die Aufnahme für mich zum Doppelsakrament: zum Sakrament des Lebens und zum Sakrament der Liebe, besonders dann, wenn Speisen persönlich zubereitet wurden. Die Eucharistie schenkt uns Leben, und sie verweist auf das Handeln, durch das sich Gott mir schenkt.

Der heilige Johannes erwähnt in seinem Evangelium die Eucharistie kein einziges Mal. Er, der doch im 6. Kapitel Jesus eine lange Rede über das Brot des Lebens halten läßt. Der heilige Johannes, der vier komplette und ausgiebige Kapitel dem letzten Abend gewidmet hat, den Jesus mit seinen Jüngern verbrachte. Er hat in diesen vier Kapiteln die Eucharistie nicht erwähnt, sondern sie durch etwas anderes ersetzt: durch die Fußwaschung. In dem Augenblick, wo er eigentlich von der Eucharistie erzählen müßte. In feierlichem Ton hebt Johannes an:

„Jesus, der wußte, daß ihm der Vater alles in die Hand gegeben hatte und daß er von Gott gekommen war und zu Gott zurückkehrte."

Jedermann würde erwarten, daß darauf folgt: „Er nahm das Brot, brach es und segnete es mit den Worten ..." – Aber nichts von alledem! Nach dieser langen Einleitung sagt Johannes:

„Jesus umgürtete sich mit einem Leinentuch. Dann goß er Wasser in eine Schüssel und begann, den Jüngern die Füße zu waschen." (Joh 13,3-6)

Seltsam, kein Wort von der Eucharistie! Warum wohl? Nun, die Absicht des heiligen Johannes ist klar. Er wollte aufzeigen, daß die wahre Eucharistie nach der Absicht Jesu weniger im Mahl selbst besteht, im Teilen von Brot und Wein, die konsekriert werden, wie man sagt, als vielmehr in der Dimension des Dienstes, die in der Eucharistie enthalten ist. Wenn die Eucharistie, die Danksagung, die wir gemeinsam verrichten, nicht in eine wechselseitige „Fußwaschung" mündet, hat sie keinen Wert und keine Bedeutung. Es wird oft von der Wirkung der Kommunion auf den Menschen, von der Wirkung der Eucharistie auf uns gesprochen. Von einer Wirkung, die angeblich automatisch eintritt. Nein! Die Eucharistie reicht im Dienen, in der Fußwaschung, bis dorthin, wo die Fußwaschung den Platz der Eucharistie einnimmt.

Für Sie alle, die Sie hier anwesend sind und sich bei der Caritas engagieren, bedeutet das, daß Ihr gesamtes Wirken, weil es in der Beschäftigung mit den Nächsten besteht, eine Eucharistie ist, daß es Ihre persönliche Eucharistie ist. Die Eucharistie ist ein Sakrament, sie ist Ihr Sakrament! So sehr es stimmt, daß die Eucharistie Mittlerin von Leib und Blut Christi ist, so sehr stimmt es auch, daß Ihr Wirken das Wirken Christi offenbart. Das Wirken im diakonischen und karitativen Dienst ist Sakrament, Offenbarung Gottes, Anwesenheit Christi.

Es ist gewiß kein Zufall, daß Christus am Ende der Einsetzung der Eucharistie und am Ende der Fußwaschung dieselbe Formel verwendet. Am Ende der Eucharistie sagt er:

„Tut dies zu meinem Gedächtnis!"

Und am Ende der Fußwaschung:

„Ich habe euch ein Beispiel gegeben, damit auch ihr so handelt, wie ich an euch gehandelt habe." (Joh 13,15)

Dieselbe Formel! Dieselbe Formel, um besser zu vermitteln: Die wirkliche Eucharistie ist hier! Denn der heilige Johannes,

Mystiker, der er war, intuitiv, wie er war, hat vorausgeahnt, daß die Kirche aus der Eucharistie einen Ritus machen würde, einen Ritus als Selbstzweck, einen abgetrennten Ritus, eine „nur" sakrale Wirklichkeit. Und also sagt er sich: Ich werde die Exegeten aller künftigen Geschlechter ärgern und die Eucharistie nicht erwähnen, damit sie sich diese wichtige Frage stellen und eines Tages damit aufhören, aus der Eucharistie einen losgelösten Ritus zu machen …

Nehmen Sie das Bußsakrament. Auch aus ihm hat man einen separierten Ritus gemacht, den Sie in einem für gewöhnlich finsteren Beichtstuhl empfangen, mit einem hoffentlich wohlwollenden Priester, der Ihnen die Absolution erteilt und zu Ihnen sagt: „Sprechen Sie drei Gegrüßet seist du, Maria und drei Vaterunser", und schon ist man mit Gott versöhnt. Wenn Sie aber das Evangelium aufschlagen, werden Sie sehen, daß Christus zweimal sagt:

> *„Alles, was ihr auf Erden bindet, wird auch im Himmel gebunden sein, und was ihr auf Erden löst, wird auch im Himmel gelöst sein."*

Einmal sagt er es seinen Aposteln und ein anderes Mal der Menge, also allen Menschen.

Mit anderen Worten, wenn wir einander um Verzeihung bitten, ist das schon ein Sakrament. Durch unser Verzeihen gelangt die Gnade Gottes, die Vergebung Gottes in unser Herz. Wenn ich mich mit meiner Frau gestritten habe, ist es allzuleicht, zum Priester zu sagen: „Meine Frau steht mir bis da hinauf. Ich halte sie nicht mehr aus. Ich habe mit ihr laufend Streit. Sie bringt mich in Rage." Ungleich schwieriger ist es, anstelle zum Priester zu seiner Frau hinzugehen und zu ihr zu sagen: „Hör mir zu, es tut mir leid, ich bin sehr in Rage geraten, denn du bist ein bißchen unausstehlich, und auch ich bin unausstehlich, aber wir versuchen trotzdem weiterzumachen." Es ist ja so viel schwieriger, einander zu vergeben als den Priester um Vergebung zu bitten! Ich bin nicht gegen die Beichte beim Priester, keineswegs, aber ich möchte klarstellen: Der Ritus der Vergebung ist größer als das, was wir aus ihm gemacht haben. Denn wenn ich einem Nachbarn vergebe und ihm die Hand reiche mit den Worten „I am sorry", ist schon Gott dabei und ist es ein Sakrament. Wenn ich ihn umarme und zu ihm sage: „Es ist vorbei, vergessen wir, was vergangen ist", so ist das ein Sakrament. Die geheiligte Realität ist nicht in einen Ritus eingepfercht. Das Leben selbst ist geheiligt.

Und nehmen wir schließlich das Sakrament der Krankensalbung, das einst die Letzte Ölung genannt wurde. Auch hier meint man, das sei einzig an eine bestimmte Art von Salbung gebunden, der Priester muß kommen, damit er über den Betreffenden oder die Betreffende seine Gebete spricht. Aber in einer modernen Klinik ist der Arzt, der den Kranken mit all seinem Wissen und seiner Begabung zu heilen versucht, ist die Schwester, die kommt und geht und ständig auf Achse ist, ist die Glukose, die in die Venen des Kranken rinnt, sind all diese Apparate in meinen Augen eine echte Liturgie, ein echter sakramentaler Ritus. Wenn Sie das Treiben in einem Operationssaal oder auf einer Intensivstation betrachten, so nimmt Gott für mich dort Menschengestalt an, um den Kranken zu retten, durch die Chirurgen, die Ärzte, die Krankenpflegerinnen. Wer das Thermometer bringt, wer den Puls fühlt, wer die Geräte bedient – sie alle sind geheiligte Personen. Dieser Operationsblock, in dem ein ganzer Stab damit beschäftigt ist, das Leben des oder der Kranken aus Todesgefahr zu retten, ist ein außergewöhnliches Wirken Gottes, viel heiliger als bestimmte christlich genannte Riten, die nur in einer Kirche ablaufen, an der vielleicht nur die Tünche christlich ist, weil der Glaube schwach ist. Wir müssen das Heilige aus dem rituellen in den gewohnheitsmäßigen, alltäglichen Bereich überführen. Heilig ist ein Spital, heilig ist ein Chirurgenteam, und die „Priester" dort sind diese Ärzte und Krankenpfleger. Sie sind mit dem Versuch beschäftigt, dem Kranken das Leben neu zu schenken. Das ist unerhört! Versuchen wir, uns von einer gewissen Geisteshaltung zu verabschieden und in diese Perspektive einer Heiligkeit einzutreten, die ins Leben, die in die Stadt eingedrungen ist. Ein Krankenhaus ist eine heilige Stätte, so heilig wie ein Tempel, wie eine Kirche!

Vor einigen Jahren habe ich mich mit einer Gruppe von jungen Freiwilligen in Khartum im Sudan aufgehalten, als man uns die Nachricht übermittelte, die kleine Tochter des Portiers sei gerade gestorben. Sie hatte erbrochen; ihr ganzes Gesicht, ihr ganzer Körper war bedeckt von dem Erbrochenen, und sie lag da in den Armen ihrer Mutter, die auf der Erde hockte, weil die Sudanesen dort viel auf der Erde sitzen. Und da war eine von den unsrigen, eine Ordensschwester, Klarisse, die zugleich Krankenschwester war. Sowie sie begriffen hatte, daß die Kleine gestorben war, warf sie sich auf das Kind, auf der Erde und drückte ihren Mund auf den des Kindes. Mich selber hat geekelt vor dem Erbrochenen auf dem Gesicht des Kindes. Aber sie hat nicht einmal ihr Taschentuch gezückt. Eine halbe Stunde lang hat sie Mund-zu-Mund-Beatmung gemacht, um ihr Leben und ihren Atem zu teilen und das Kind wieder zum Leben zu erwecken. Beim Anblick dieser Ordensfrau habe ich gespürt, daß da Gott selber eingriff, daß Gott selbst dem Kind sein Leben einhauchte. Ich habe darin ein Sakrament im eigentlichen Sinn des Wortes erblickt, weil durch diesen Atemhauch die Liebe ging, die Liebe der Schwester und die Liebe Gottes. Soweit ein selbst erlebtes und lebendiges Beispiel für ein Sakrament im sogenannten Alltag.

Aber es gibt tausend Wege, einen vom Tod Bedrohten wieder zum Leben zu erwecken. Es gibt den physischen Tod, und es gibt den psychischen Tod. Es gibt Menschen, die aus

Mangel an Zuwendung sterben, aus Mangel an Aufmerksamkeit und Verständnis für sie, und manchmal geht es nicht so sehr darum, jemanden durch den Mund zu beatmen, um ihm den Lebensatem wiederzuschenken, als vielmehr einen bestimmten Blick auf ihm ruhen zu lassen, der ihm neu zu leben erlaubt. Wie sehr kann der Blick ein Lebensspender sein! Mehr noch als der Atem aus der Lunge, denn der Mensch lebt nicht vom Atem oder vom Brot allein, er lebt von der Liebe.

Es gibt eine bestimmte Art, einen Menschen anzublicken, den noch nie jemand wirklich angeblickt hat. Denn es gibt Menschen, die existieren nicht viel anders als eine Mauer, eine Tür. Schauen Sie einmal in einen Salon. Da gibt es Leute, zu denen man spricht und die selber die ganze Zeit sprechen, und es gibt Leute, die niemand anredet und die selber niemals reden, die einfach da sind wie die Möbelstücke des Salons. Leute, die keine wirkliche Existenz, also keine Bedeutung haben. Und unvermutet schauen Sie diese Person an und sagen zu ihr: „Wie ist Ihr Name? Was tun Sie?“ (Jemand, der sich für mich interessiert? Noch nie hat mich jemand angesehen. Nie hat mich jemand als menschliches Wesen hier zur Kenntnis genommen. Und jetzt plötzlich?) … Oft sind diese Menschen so wenig daran gewohnt, beachtet zu werden, daß sie glauben, sie täuschten sich. Sie blicken um sich: Vielleicht meint er jemand anderen? Das bin nicht ich. „Oh doch, du bist es. Du bist kein anderer.“ Die erste Nächstenliebe auf Erden besteht darin, jemanden anzusehen, und indem man ihn ansieht, ihm zur besseren Existenz zu verhelfen. Ihm in die Augen zu schauen und ihm damit zu sagen: „Du existierst, ja du! Für mich existierst du.“ Und der Mensch beginnt tatsächlich zu existieren.

Dieser Blick, den ich einem Menschen entgegenbringe, den nie jemand eines Blickes gewürdigt hat, ist ein Sakrament, das ebenso echt ist wie die Kommunion. Mein Blick ist ein Sakrament. Wenn man ihm das erste Mal zulächelt, kann er gar nicht glauben, daß er es ist, dem dieses Lächeln gilt, und dieses Lächeln wird zum Sakrament. Machen wir doch aus den Sakramenten nicht eine Verschlußsache, nur heilige Dinge! Das Sakrament hat vor allem anderen eine menschliche Dimension, noch vor der göttlichen! Das Sakrament ist göttlich, weil es menschlich ist. Und ein Sakrament, das nicht menschlich ist, ist nicht göttlich. Das Menschliche wird dann göttlich, wenn es zutiefst menschlich geworden ist. Gott bricht gerade dann hervor, wenn die menschliche Dimension wahrhaft menschlich geworden ihre ganze Fülle annimmt.

Ich werde bei manchen von Ihnen anecken, das macht gar nichts. Aber wenn ich in einer Kirche all die kostbaren Bilder sehe, den feinen Marmor, die roten Teppiche, die funkelnden Goldkelche, alles ist schön, alles ist wunderbar, und erst die bestickten, in jahrelanger Arbeit von den Karmelitinnen hergestellten Kaseln, alles ist erlesen und die Kirche blankgeputzt, und man sagt: „All dies ist für den Herrn!“, und wenn ich dann an die Situation in Ägypten denke, wo es den Kindern schlechter geht als den Hunden in Europa – dann habe ich Lust, all diese Prachtkirchen zu packen, zu versteigern und mir zu sagen: „Christus lebt in diesem armen Kind viel mehr als in dieser reichen Kirche.“ Wir haben Gott vom Leben abgehoben und Dinge getan, die er wohl sicher nicht will. Ich denke an den heiligen Johannes Chrysostomus, der für diese Kelche schon zu Beginn des 5. Jahrhunderts erschreckende Worte übrig hatte:

„Ihr schmückt diese Kelche mit Gold und Diamanten, während Christus an eurer Tür steht und vor Hunger dem Tode nah ist.“

Diese ewige Neigung zu glauben, man verehre Gott in irgendeinem Rahmen oder Ritus, während der lebendige Gott, der zitternde Gott, der bedürftige vor unserer Haustür steht und wartet … Achtung! Es geht um die Glaubwürdigkeit der Kirche!

Manchmal wird die Meinung vertreten, unsere Epoche habe den Glauben verloren, weil die Leute nicht mehr zur Kirche gehen, weil die Leute nicht mehr beichten, weil die Leute seltener die Kommunion empfangen, oder weil die Leute gegenüber der Kirche immer kritischer werden. Das beunruhigt. Aber ist das, was sich derzeit abspielt, nicht eine gesunde Reaktion auf einen „gewissen" Glauben, auf eine „gewisse" Religion, auf eine „gewisse" Religiosität? Eine Reaktion auf eine Religion, die in einen Rahmen eingezwängt zum Selbstzweck wurde? Ich frage mich viel eher, ob der moderne Mensch nicht im Begriff ist, das Christentum neuzuentdecken, das wahre nämlich! Nicht ein Christentum der Kirche, sondern ein Christentum des Lebens, der Existenz, des Alltags.

Manchmal wird mir vorgeworfen, daß ich die Religion mit solchen Ansichten entsakralisiere. Darauf antworte ich mit einem Ja und einem Nein. Ich sprenge die Religion auf, ich schlage Falschgelebtes in kleine Stücke, damit sie endlich zu einer Religion des Lebens, und damit existentiell werde! Ja, eine bestimmte Religion knacke ich auf, damit diese Religion eine Religion für den Alltag wird, die Religion des Lebens. Eine Religion aus Fleisch und Blut, eine Religion, die in meinem Leben Wurzel schlagen kann. Ich entsakralisiere die Welt nicht, ich resakralisiere sie. Was ich ablehne, ist ein abgeschlossener heiliger Zirkel: stattdessen stelle ich das Heilige in jede einfache menschliche und alltägliche Wirklichkeit hinein. Alles ist heilig! Nicht: Nichts ist heilig, sondern: Alles ist heilig. Alles ist heilig!

Und wenn unsere religiöse Unterweisung nicht zur Folge hat, daß sie dem Alltagsleben der Leute einen Sinn gibt, haben wir unsere Sache verpfuscht. Alles ist verspielt! Es geht nicht darum, religiöse Dinge zur Indoktrination vorzulegen. Es geht darum, das Leben der Menschen zum Blühen zu bringen, ihm einen Sinn, eine Bedeutung zu geben. Das ist die wahre Neuevangelisierung, die wir brauchen.

Man spricht von der Neuevangelisierung, ohne zu wissen, wovon man eigentlich spricht. Wir meinen immer, Neuevangelisierung heiße, mit der alten Evangelisierung noch einmal von vorn zu beginnen. Aber die Leute hören uns nicht mehr zu. Sie haben unsere Predigten schon zur Genüge angehört, die CD kennen sie längst. Wegen dieser „Ladenhüter" kommen sie nicht mehr in die Kirche, sagen sie mir. Was sonst bedeutet die Neuevangelisierung – von der Papst Johannes Paul II. spricht –, als der Religion einen ganz neuen Atem einzuhauchen, ihr eine neue Bedeutung zu geben, aus ihr etwas Existentielles zu machen! Wenn das Evangelium nicht die Frohe Botschaft ist (die frohe, nicht die traurige), wenn das Evangelium nicht mein Leben verändert, ihm einen Sinn verleiht - wozu dann das Evangelium, wozu? Das Evangelium ist nicht das Absolute, sondern der Mensch.

Die Evangelisierung wird greifen, wenn die Botschaft, die wir verkünden, triftig ist, wenn sie das Leben der Leute erleuchtet und sie glücklich macht. Die Kirche, das sind nicht die Kardinäle oder die Bischöfe, das sind Sie, das bin ich. Das Gebot der Stunde heißt: Dringend eine neue Sprache erfinden, um zu den Menschen von heute zu sprechen! Mein ganzes Ansinnen, ich, der arme kleine Boulad, der ich bin, besteht darin, Jesu Botschaft in unsere Zeit zu übersetzen, damit sie als wesentlich erkannt wird. Meine Bücher haben kein anderes Ziel, als die Religion lebendig zu machen, existentiell. Mit einfachen Worten, mit einfachen, nicht mit theologisch-komplizierten. Und es ist eine Herausforderung für die ganze Kirche: Wird sie diese neue Sprache finden oder wird sie im alten Stil auf immer und ewig alles wiederkäuen? Das ist der entscheidende Punkt.

Ich schließe mit einem Hinweis darauf, daß all das, was ich Ihnen heute gesagt habe, der letzte Sinn der Inkarnation ist. Die Menschwerdung Gottes hat stattgefunden, um die Welt zu heiligen, die Materie zu heiligen, die menschliche Begegnung zu heiligen, die Liebe zu heiligen, die Menschheit zu heiligen und den einzelnen zu heiligen. Der Gott der Inkarnation ist der Gott von Brot und Wein, er ist aber auch der Gott des Alltags, der Gott der Begegnung. Und ein Sakrament ist nichts anderes als eine Fortsetzung der Menschwerdung Gottes. Jegliche Realität ist sakramental geworden dadurch, daß Christus sie in sich aufgenommen hat. Die Welt ist die Ausdehnung des Leibes Christi; wir sind der Leib Christi.

Und Sie hier, die bei der Caritas tätig sind, Sie sind die Priester und Priesterinnen Jesu. Sie sollen wissen: Wenn Sie Medikamente und Kleidung verteilen, spenden Sie ein Sakrament; wenn Sie einem Kranken die Hand auflegen, spürt er bewußt oder unbewußt die Gegenwart, die Zärtlichkeit Gottes auf seiner Stirn. Und wenn Sie einen Kranken im Spital aufsuchen, spürt er, daß ihn Jesus besucht. Sie sind das Sakrament Gottes, Sie sind der Priester Gottes, Sie sind die Gegenwart Gottes im Leben all jener, denen Sie helfen und die Sie lieben. Sie sind die Engel Gottes. Ja, Sie sind Engel. Nicht die Engel und Erzengel und Cherubim und Serafim, die da oben mit Flügeln herumschweben, sondern Sie auf der Erde sind Engel. Jeder von Ihnen. Das Wesentliche für Sie besteht darin, empfänglich zu sein für diesen Anruf Gottes und zu spüren, daß Sie eine Botschaft zu überbringen und einen Auftrag zu erfüllen haben und daß durch Sie Jesus weiterlebt. Jesus gibt sich heute in Salzburg durch Sie kund und durch die Caritas Ihrer Erzdiözese.

Ich schließe mit einer kurzen Meditation.

DU HAST UNSERE HÄNDE, DU HAST UNSERE AUGEN…

Herr, wenn Du nicht länger bei uns bist
in Deinem Leib aus Fleisch und Blut von einst,
so deshalb, weil Du wolltest,
daß wir Deine Gegenwart einnehmen
unter den Menschen von heute.
Du hast nicht mehr Deine Hände,
sondern Du hast unsere Hände,
Du hast nicht mehr Deine Augen,
sondern Du hast unsere Augen.
Unsere Hände, um die Stirn zu liebkosen
von Kranken und Alten.
Unsere Augen, um sie anzuschauen,
und um den anzuschauen,
den bisher niemand angeschaut hat.
Du hast unser Lächeln,
um den Geschmack des Lebens neu zu erwecken
bei jenen, die den Sinn dafür verloren haben.
Jede unserer menschlichen Handlungen, Herr,
kann eine heilige Handlung sein,
ein wirkliches Sakrament.
Laß uns in diesem Sinn
unser Leben und unsere Arbeit heiligen,
indem wir ihre Bedeutsamkeit erkennen,
und mach aus unserem Wirken bei der Caritas
Dein eigenes göttliches Wirken.
Für all dies schenk uns Deine Kraft,
um besser zu lieben,
und Deinen Geist,
um besser das Herz all jener zu erreichen,
denen wir begegnen wollen. *Amen.*

DAS SCHÖPFUNGSWUNDER DES GLAUBENS

Vortrag „Plädoyer für eine andere Art der Nächstenliebe – Mystik und soziales Engagement", gehalten vor Mitarbeiterinnen und Mitarbeitern der Evangelischen Diakonie Linz und der Caritas der Diözese Linz im Schulzentrum des Evangelischen Diakoniewerks Gallneukirchen am 20. April 1994.

Ich muß Sie gleich eingangs warnen, daß Sie von mir heute abend nichts Neues zu hören bekommen. Wenn Sie etwas Neues erfahren wollen, schalten Sie bitte den Fernseher ein oder schlagen Sie die Tageszeitung auf! Aber ich meine, daß es für den Menschen unserer Tage gar nicht so wichtig ist, neue Dinge serviert zu bekommen, denn wir sind von all den vielen Nachrichten ohnehin schon überschwemmt, ohne zu wissen, was wir mit ihnen anfangen sollen. Was uns heutzutage abgeht, ist vielmehr ein neues Herz, ein neuer Geist, damit sich uns die ganz gewöhnlichen Ereignisse in einer neuen Dimension auftun. Wir schlingen die Neuigkeiten unverdaut hinunter, ohne uns darüber Rechenschaft abzulegen, daß derjenige, der von diesem Wässerchen trinkt, nachher erst recht durstig sein wird, daß er weiteren Bedarf an Nachrichten und an noch mehr Fernsehprogrammen und an noch mehr Zeitschriften und an noch längeren Telefongesprächen haben wird, aber daß ihm das alles letztlich doch nichts Neues bringt. Heute abend möchte ich den Versuch unternehmen, Ihnen eine andere Sichtweise zu vermitteln. Eine andere Sicht dessen, was wir schon wissen.

Wenn man Sie fragen würde: „Worin besteht eigentlich der Glaube?", würden Sie mit Formeln antworten: „Ich glaube an den einen Gott, den allmächtigen Vater, Schöpfer des Himmels und der Erde usw." Der Glaube ist für den Gläubigen zu einem Glaubensbekenntnis geworden, zu einer Sammlung von Wahrheiten, einer Sammlung von Dogmen, und wenn man sie alle durchgegangen ist, hat man den Glauben in der Tasche. Das Ärgste aber ist, daß man aus dem Glauben, der Hoffnung und der Liebe die drei göttlichen Tugenden gemacht hat. Mystik besteht doch gerade darin, daß man keine Trennungen vornimmt! Es gibt keine Trennung zwischen diesen dreien. Es gibt keinen Glauben ohne Nächstenliebe, keine Hoffnung ohne Glauben, und es gibt keine Hoffnung ohne Glauben und Nächstenliebe. Wenn man nicht in der Mitte dieser drei steht, kann man weder von Glauben noch von Liebe sprechen. Und vielleicht lernen wir heute abend davon ausgehend, worin diese andere Art von Liebe besteht, ausgehend von einer mystischen Sicht der Dinge.

Zum Ausgangspunkt nehme ich ein Ereignis aus dem Evangelium. Jesus war ein Mensch wie Sie und ich. Er hat gegessen, er hat getrunken, er ist auf der Landstraße gegangen, er hat gefroren, er war müde, ein gewöhnlicher Mensch. Man sagt, er hat einige Wunder gewirkt, aber da war er nicht der einzige, etliche Menschen aus dem Alten Testament haben Wunder gewirkt, und auch heute wirken etliche Menschen Wunder, zum Beispiel Sai Baba in Indien. Gut. Aber da fragt er plötzlich seine Apostel: „Für wen halten die Menschen den Menschensohn?“ Sie antworten: „Die einen für Johannes den Täufer, andere für Elija, wieder andere für Jeremia oder sonst einen der Propheten.“ Das ist die Einstellung vieler Menschen zu Jesus, besonders im Islam. Im Islam wird Jesus als großer Prophet anerkannt, als außergewöhnlicher Mensch respektiert. Schließlich fragt er: „Ihr aber, für wen haltet ihr mich?“ Und da sagt Petrus: „Du bist der Messias, der Sohn des lebendigen Gottes.“ Petrus, der dicke Petrus, nicht sehr feinsinnig, wahrscheinlich Analphabet! Er hat in diesem gewöhnlichen Menschen Gott erblickt. Auf diesem Akt des Glaubens ruht die Kirche.

Für mich besteht der Glaube in der neuen Sicht einer altbekannten Wirklichkeit, einer alltäglichen, gewöhnlichen Wirklichkeit, wie man sie jeden Tag erlebt. Und dann plötzlich die Erleuchtung – man entdeckt: Nicht er ist es, es ist ein anderer, es ist Gott. Ein Licht geht auf - das ist die Verklärung. Wir glauben manchmal, daß die Verklärung nur einmal auf einem Berg stattgefunden hat, Jesus erstrahlte von Licht. Schon möglich. Aber ich glaube, die Verklärung hat nicht auf diese Art stattgefunden. Nicht Jesus ist verklärt worden, sondern die Apostel, die mit einem Schlag seine Herrlichkeit geschaut hatten. Dasselbe geschieht uns heute.

Mitunter wird angenommen, der Glaube bestehe nur darin, Jesus als Sohn Gottes anzuerkennen. Ich schicke mich an zu wiederholen, was Petrus vor 2000 Jahren getan hat. Ich spule die Zeit zurück, um Jesus wiederzufinden und zu sagen: „Ich glaube an dich, Jesus. Du bist der Sohn Gottes." Und man wird mir auf die Schulter klopfen und sagen: „Trefflich! Du bist ein Christ." Das macht für gewöhnlich den Glauben aus. Der Glaube reißt uns aus unserer Epoche heraus, dem Hier und Jetzt, in dem wir leben, um uns in eine Vergangenheit zu katapultieren, auf die wir plötzlich Bezug nehmen sollen. Der Glaube ist für uns ein Kopfsprung in die Vergangenheit, eine Rückkehr zu den Anfängen, ein Eintauchen in die Überlieferung. Christus wiederfinden, Christus-Nostalgie! Wenn man an den Glauben „archäologisch" herangeht, verliert er für uns seine Bedeutung.

Der Glaube ist zur Entfremdung geworden, weil er eine Projektion in die Vergangenheit ist. Jesus hat uns davor gesagt: „Vorsicht! Vorsicht!" Denn die Auferstehung Jesu bezeichnet einen radikalen Wendepunkt. Jesus ist nicht länger Jesus von Nazaret. Jesus ist alles, was ist und kommen wird. Für mich bedeutet glauben Gott in einem Menschen wahrnehmen. Dieser Mensch hat einst Jesus geheißen. Heute heißt dieser

Mensch Margret, er heißt Roland, er heißt Hidda. Du wirst sagen: „Aber nein, ich glaube an Jesus!“ Und Jesus sagt zu dir: „Suche mich nicht in der Vergangenheit. Ich bin hier.“ Die große Illusion des Glaubens besteht darin, ihn in „religiösen“ Dingen zu suchen. Durch einen solchen Glauben werden wir entfremdet. Und von daher werden Sie verstehen, warum ich diesen Vortrag mit dem Glauben beginne, obwohl man mich doch eingeladen hat, Ihnen etwas über eine neue Nächstenliebe zu erzählen. Sie werden mir sagen: „Sie sind vom Thema abgekommen.“ Nein, ich bin ganz bei der Sache. Sie werden sehen …

Der Tod Christi und seine Auferstehung haben auf Jesus von Nazaret ein großes Fragezeichen geworfen, indem der auferstandene Jesus sich in jedermann, in jedefrau verwandelt; er wird zu jedem gewöhnlichen Menschen, zum Allernächsten, zum Menschen schlechthin. Mit anderen Worten: Die Göttlichkeit, die in Jesus war, ist übergegangen auf den Menschen. Das Gefäß ist am Kreuz zerbrochen, zerschlagen. Der Inhalt hat sich gewissermaßen in die Erde ergossen, und jene Gegenwart des Absoluten, die in Jesus von Nazaret war, ist jetzt in Ihnen, in mir, in uns. Jesus ist jetzt der Zeitgenosse, der Gegenwärtige, ein Unsriger. Aus diesem Grunde verliert er die Züge seines Gesichts von einst. Er hat nicht mehr dasselbe Gesicht. Er ist es noch immer, und er ist es doch nicht mehr.

Gleich nach der Auferstehung: Die Jünger von Emmaus gehen gemeinsam auf der Straße mit Jesus. Sie haben ihn gut gekannt, aber sie erkennen ihn jetzt nicht mehr. Man sagt: weil es unterwegs dunkel wurde. Als sie aber ins Haus eintraten, wurde es hell. Sie haben mit ihm gegessen, es war Licht. Sie haben ihn zunächst dennoch nicht erkannt. – Oder Maria von Magdala, die ihn sehr lieb hatte: Mehrmals hat sie seine Füße berührt und ihn umarmt. Jetzt sieht sie ihn im Garten und hält ihn für den Gärtner. – Petrus und Johannes und seine Apostel, die mit ihm drei Jahre verbracht haben: Sie begegnen ihm am Morgen, sie essen mit ihm, und keiner wagt es, ihn zu fragen, wer er ist. – Das ist doch sonderbar! Alle, die ihn aus der intimen Nähe gekannt haben, erkennen ihn deshalb nicht wieder, weil er ihnen sagen möchte: „Ich bin ich, und ich bin ein anderer. Ich bin derselbe, und ich bin anders. Ich bin der Gärtner, und ich bin der Autostopper am Straßenrand." Natürlich hat es damals keine Autostopper gegeben, aber den Mann auf der Straße hat es gegeben.

„Ich bin irgendeiner. Ich bin es."

Aber der Christus von einst ist nicht mehr in seiner historischen Wirklichkeit einzuholen. Der Christus der Geschichte ist ein Sprungbrett in eine neue Dimension. Seine physische Gegenwart während jener 33 Jahre ist der Anbruch von etwas Neuem, eine Einladung zu etwas Wunderbarem – heute. Das gilt es zu begreifen, und so betrachtet ist für mich der Text des Evangeliums nichts Absolutes. Absolut ist das Evangelium insofern, als es mir das Leben schenkt, das Leben hier und jetzt. Wir kennen Christus heute in anderer Weise, der Auferstandene ist ein anderer. Er ist derselbe, und er ist ein anderer. Genau dort möchte ich mit Ihnen jetzt ansetzen.

Glauben heißt das Absolute im Relativen ausfindig machen. Was ist das Relative? Das ist der Mensch, ein Wesen aus Fleisch und Blut, in all seiner Gebrechlichkeit und Endlichkeit, seinen Grenzen, zeitlich und räumlich. Und dieses Relative, das ich bin, das Sie sind, ist jetzt absolut geworden. Wir haben Christus derart idealisiert, man hat ihn in Bildern dagestellt, man hat ihn in unseren Kirchen in Holz und Stein aufgestellt, man hat ihn gemalt, man hat ihn neu gemalt, man hat ihn übermalt (Gelächter), so daß alle Leute sagen, daß er selbstverständlich Gott sei, Schluß der Debatte, es ist in den allgemeinen Wortschatz eingegangen. Wenn Sie heute sagen,

Christus ist Gott, kostet das keine große Anstrengung, es kostet Sie nicht viel.

Ich werde Ihnen meine Geschichte erzählen. Am Tor der Jesuitenkirche in Kairo gibt es eine alte Frau, die Fachah heißt und ein Zeitungsblatt verkauft. Sie schielt, sie sieht schlecht, sie wäscht sich nur alle paar Monate, sie riecht sehr stark, und sie liebt mich. Jedesmal, wenn sie mich sieht, stürzt sie auf mich zu, ruft freudig „Pater Boulad!" und küßt mich ab. Junge hübsche Mädchen umarme ich sehr gern. (Gelächter) Aber ich muß bekennen, daß ich nicht dasselbe Gefühl verspüre, wenn mich Fachah umarmt, und noch dazu regelmäßig. Und daraus hat sich für mich eine Frage ergeben.

Ausgehend von Fachah habe ich meinen Glauben neu überprüft. Ich habe mir gesagt: „Ist sie für dich das Antlitz Jesu? Ist sie für dich Jesus auf deinem Weg?" Sonntag für Sonntag stelle ich mit ihr diese Prüfung an. Und sie hilft mir, im Glauben vorwärts zu kommen. Es ist leicht, das Antlitz Gottes zu erkennen, wenn es sich in Frische und Schönheit manifestiert. Eine schöne junge Frau ist eine schöne junge Frau, da gibt es nichts zu deuteln, das ist einfach. Aber wenn sich das Antlitz Gottes in einem entstellten, häßlichen, alten, abstoßenden Gesicht zeigt, das schlecht riecht, tritt das Element des Glaubens auf den Plan. Der Glaube besteht darin, von der Erscheinung abzusehen oder durch die Erscheinung hindurchzugehen und etwas zu sehen, was das Auge nicht sieht. Weil der heilige Paulus sagt:

> *„Aufgrund des Glaubens erkennen wir, daß die Welt durch Gottes Wort erschaffen worden und daß so aus Unsichtbarem das Sichtbare entstanden ist."* (Hebr 11,3)

Als Definition des Glaubens ist das interessant. Es ist vielleicht die einzige Definition des Glaubens, die wir im Neuen

Testament haben. Der Glaube besteht darin, das Unsichtbare zu sehen; zu sehen, was man nicht sieht. Aus diesem Grund spricht man vom Auge des Glaubens. Es gibt ein anderes Auge. Es gibt den geistigen Blick. Und man kann Augen haben und überhaupt nichts sehen. Das ist das Problem. Jesus sagte es:

„Sie haben Augen und sehen nicht." (Mt 13,15; Joh 12,40)

Ein Besuch beim Augenarzt hilft da nicht weiter. Der wird ihnen den anderen Blick nicht geben können. Er soll Ihnen auch gar keine Brillen verschreiben. Nein, es gibt Augengläser anderer Art, die man vielleicht ins Herz einsetzen sollte. Und Jesus hat noch einen anderen, deutlicheren Satz gesagt:

„Um zu richten bin ich gekommen, damit die Blinden sehend und die Sehenden blind werden." (Joh 9,39)

Schrecklich! Mit anderen Worten: Vor dieser Person Jesus findet das Weltgericht statt. „Erkennst du mich?" „Nein." „Du bist gerichtet." „Du erkennst mich?" „Ja." „Du bist gerettet." Jesus ist der Eckstein, der Echtheitstest. Und für mich ist dieser Echtheitstest Fachah. Ja. Hat man das begriffen, so bleibt kein Stein auf dem andern.

Manche Leute glauben, die Wunder seien eine Stütze für den Glauben. Jesus hat Menschen geheilt – also habe ich den Glauben an ihn. Er hat einen Toten zum Leben erweckt, seht, da sind die Beweise! Also sagt man: „Um zum Glauben zu kommen, will ich Beweise haben – ein Wunder, zwei, drei." Aber selbst hundert Wunder oder tausend Wunder werden Ihnen den Glauben nicht schenken. Das Wunder gehört der einen Ordnung an, der Glaube der anderen. Die Pharisäer und die Schriftgelehrten haben seine Wunder mit eigenen Augen gesehen. Jene, die Christus ans Kreuz geschlagen haben, haben seine Wunder erlebt. Alle haben dasselbe gesehen. Aber einige hatten den Glauben, andere nicht. So ist es noch: Einige glauben, andere nicht. Wieso? Sie haben diesen anderen Blick, der sich nicht an Zeichen hält. Eine Million Zeichen bedeuten gar nichts. Aber ein winziger Fingerzeig, ein Nichts – und jemand glaubt! Es ist nicht die Anzahl der Zeichen, weder die Anzahl der gelesenen Bücher noch die Zahl der gesehenen Wunder, die Ihnen den Glauben verleihen. Es ist etwas da drinnen – der Geist. Der lebendige Geist!

„Selig bist du, Simon Barjona; denn nicht Fleisch und Blut haben dir das offenbart, sondern mein Vater im Himmel."

(Mt 16,17)

Nicht du bist es. Ein anderer ist es, der in dir ist. Aus eben diesem Grund sagt man, der Glaube sei übernatürlich. Er ist nicht natürlich. „Natürlich" sehe ich mit meinen Augen. Aber „übernatürlich" sehe ich mit meinem Herzen.

„Man sieht nur mit dem Herzen gut,
das Wesentliche ist für die Augen unsichtbar",

sagt der Kleine Prinz von Saint-Exupéry. Dieser Herzensblick ist der Glaube. Und er ist nicht natürlich. Es ist der Geist in mir, der glaubt, es ist der Geist in mir, der diesen Schrei ausstößt. Und so wie der Glaube nicht natürlich ist, ist auch die Nächstenliebe nicht natürlich.

Wenn ich also glaube, so ist es der Geist, der in mir glaubt. Und wenn ich liebe – liebe im Sinne der Nächstenliebe –, ist es der Geist, der in mir liebt; es ist ein anderer, der in mir liebt. Ich werde erfaßt von einer Strömung, die über mich hinausgeht, die nicht ich selber bin. Wenn ich Fachah umarme, bin das nicht ich, denn spontan würde ich sie lieber in die Schranken weisen. Nein, nicht ich bin es, der sie umarmt. Und in dem Ausmaß, als nicht ich es bin, wächst in mir dieses andere Ich; etwas, das nicht ich bin, wächst in mir heran – mein anderes Ich, Jesus. Seine Gegenwart nimmt zu, sofern ich sie wirken lasse und sofern er diese Handlung setzt, die mich übersteigt, die mich völlig übersteigt. Die Nächstenliebe ist übernatürlich, der Glaube ist übernatürlich, übermenschlich, er übersteigt mich. Und deshalb soll sich niemand seines Glaubens, geschweige denn seiner Liebe rühmen, denn sie stammt nicht aus ihm oder ihr; sie sind in ihnen, sie gehen durch sie hindurch. Ein anderer liebt in uns die andern.

„Ihr werdet euch freuen mit unaussprechlicher Freude,
wenn ihr das Ziel eures Glaubens erlangt." (1 Petr 1,8-9)1

An dieser Stelle können wir die Dialektik beobachten, die zwischen Glaube und Liebe, zwischen Liebe und Glaube besteht. Was mich zur Umarmung von Fachah drängt, ist ein Akt des Glaubens, der einen Akt der Liebe hervorbringt. Und dieser Akt der Liebe vertieft in mir den Glauben oder läßt ihn wachsen. Zwischen Glaube und Liebe besteht eine unmittelbare, direkte Verbindung, denn beide sind übernatürlich, beide wurzeln in Gott oder im Geist.

Gott wächst also in mir, insofern ich imstande bin, jene Wirklichkeiten zu leben, die man die göttlichen Tugenden nennt – Glaube, Hoffnung, Liebe. Auf Französisch unterscheidet man zwischen „théologique" und „théologal". Théologal, das meint in der verflixten Theologensprache das, was von Gott kommt, was von Gott ausgeht, was nicht vom Menschen bestimmt wird. Der Glaube bewirkt also die Liebe, die Liebe nährt den Glauben, und beide wachsen aneinander. Welche der beiden ist die erste der Tugenden? Ich weiß es nicht. Wenn ich Fachah umarme, drängt mich da die Nächstenliebe oder drängt mich der Glaube? Ich weiß es nicht. An diesem Punkt kann man sie nicht mehr voneinander trennen, die beiden bilden ein Ganzes.

Unter dem Wort Liebe versteht man zwei Wirklichkeiten: Eros und Agapé. Sie kennen wahrscheinlich die berühmte Unterscheidung, die in der zeitgenössischen Literatur so ausgiebig diskutiert worden ist: Eros und Agapé, die Beziehung zwischen den beiden. Grundsätzlich meint man, wenn man sagt „Gott ist Liebe", daß Gott Agapé ist und nicht Eros. – Der Eros wird vom Gegenstand selbst angezogen. Eine schöne junge Frau zieht mich an, das ist normal, das ist Eros. Fachah zieht mich nicht an, da ist nicht Eros am Werk. Was aber ist es dann? Es ist eine andere Bewegung, die mich zu ihr hindrängt, die diese Kraft erst schafft, die noch nicht existiert. Die Handlung, die ich setze, wenn ich auf sie zugehe, ist nicht von dieser auf Umarmung abzielenden Kraft bestimmt. Eros ist eine Kraft in mir drinnen, die mich steuert, wie die Schönheit, die Intelligenz, der Reichtum. Zu einem Millionär laufe ich hin und bitte ihn: „Gib mir Geld, ich brauche es für die Caritas." Ein junges Mädchen gefällt mir, es zieht mich an. Ein gescheiter, interessanter Mann, fasziniert mich, er zieht mich an. Von diesen Kräften werde ich gleichsam magisch angezogen. Wenn aber der andere leer ist, keine Anziehungskraft hat, wenn es ihm an Schönheit fehlt, an Geld und Intelligenz mangelt, und wenn ich auch dann imstande bin, diesen Schritt zu setzen und auf ihn zuzugehen, dann wird mein Schritt schöpferisch, er füllt die Leere auf, er schafft die Kraft, die vorher nicht bestanden hat. Ich glaube, die Agapé ist eine Schöpferin, der Eros hingegen ist nicht immer ein Schöpfer. Beim Eros erfülle ich mich sozusagen selbst. Ich nehme, ich empfange. Bei der Agapé gebe ich her, mache mich leer. Sie ist Selbstlosigkeit.

Jesus verlangt unmögliche Dinge. Und wenn man ihm entgegenhält: „Aber das ist doch unmöglich!", antwortet er:

„Was für Menschen unmöglich ist, ist für Gott möglich."
(Lk 18,27)

„Liebt eure Feinde!" (Mt 5,44; Lk 6,27)

Ich denke, Sie alle haben Feinde. Ein Feind ist jemand, der keine Gelegenheit ausläßt, Sie mit einer kleinen Bemerkung zu Boden zu schlagen. Ein Feind ist jemand, der auf Sie eifersüchtig ist. Der Feind muß nicht unbedingt mit der Maschinenpistole auf Sie lauern, um Sie umzulegen. Solche Feinde gibt es auch, ab und zu, aber das sind nicht die wahren Feinde. Die wahren Feinde sind jene, die Ihnen nach der Seele trachten, die Ihnen das innere Leben rauben. Sie haben Feinde, so wie ich auch. Wenn jemand zu mir sagt: „Liebe deine Feinde", sage ich: „Unmöglich! Ich möchte diesen Kerl lieber zum Mond schießen, denn es reicht mir jetzt!" Seinen Feind lieben, das ist noch schwerer als Fachah zu lieben. Nicht nur Jesus hat so gesprochen, sondern auch Gandhi: „Indem du deinen Feind liebst, verwandelst du ihn in einen Freund." Er war liebesleer, es war nichts da. Indem du ihn liebst, bekehrst du ihn, verwandelst du ihn, erschaffst du ihn neu. Du erschaffst jene Liebe, die vorher nicht da war. Das ist die Nächstenliebe, die Agapé. Und das ist auch das Christentum, das Wunder des Christentums.

Da ist der Bügler unseres Kairoer Kollegs, er heißt Nassif und ist ein armer Analphabet. Er kann weder lesen noch schreiben. Den ganzen Tag bügelt er. Eines Tages befand er sich in einem Autobus, in Oberägypten in der Nähe von Beni Suef. Er als Christ war im Autobus von lauter Moslems umgeben, und man hat ihm Fragen über das Christentum gestellt und über das Evangelium usw. Er hat gesagt: „Jesus hat zu uns gesagt: Liebt eure Feinde! Selig, die schlecht über euch reden! Betet für jene, die euch verfolgen!" Die Leute im Autobus hatten noch nichts vom Evangelium gehört, und dieser Bügler, dieser Ungebildete hat Zeugnis abgelegt von der christlichen Wahrheit. Er ist weder Priester noch Diakon noch Ordensmann, ein Laie, ein ganz einfacher Mann, der den ganzen Tag bügelt. Und die Moslems haben gesagt: „Das ist gut und schön, was du uns da erzählst, aber es ist ein Ding der Unmöglichkeit. Es ist sehr schwer." Sie waren fasziniert, fasziniert von dieser Botschaft Jesu. Und ich glaube, auch wir müssen uns diese radikale Neuheit der Liebesbotschaft Jesu vor Augen halten.

Das erinnert mich an eine andere Geschichte, an eine Moslemfrau, die für sich das Christentum entdeckt hatte und dann bei mir eine Zeitlang ein Katechumenat gemacht hat. In meinem ganzen Leben habe ich ganze zwei Moslems getauft, einen davon in Amerika, und diese Frau in Ägypten. Von Zeit zu Zeit ist sie zu mir gekommen, und ich habe sie gefragt: „Liest du das Evangelium?" Sie hat geantwortet: „Aber sicher lese ich das Evangelium." Ich: „Wieviele Kapitel liest du pro Tag?" Darauf sie: „Ich lese einen Satz, zwei Sätze, und dann mache ich halt. Weiter kann ich nicht lesen." Da habe ich gesagt: Und wir Christen, wir lesen das Evangelium wie eine Zeitung, es hat seine heilende Kraft verloren. Wir bräuchten diesen frischen Blick einer Moslemfrau, um zu erkennen, daß unser Evangelium einzigartig ist! Wenn ich aber einen anderen Blick hätte, um das Evangelium zu lesen und diesen seltenen und schockierenden Charakter des Evangelium zu erkennen? Wir haben den Sinn für das Provokante am Evangelium verloren.

Wenn man sagt „Liebt, was es noch nicht gibt", so stimmt das eigentlich nicht, denn in jedem Menschen gibt es eine absolute Würde, die längst existiert, die bloß noch nicht in Erscheinung getreten ist. Und wenn ich an diese Würde glaube, kommt sie zum Vorschein. Aus diesem Grunde gilt, wenn ich sage „Der Glaube bewirkt die Würde des anderen", ein Ja und ein Nein: Tatsächlich ist es so, daß der Glaube etwas bereits Vorhandenes aufleuchten und zum Vorschein kommen läßt. Die Würde ist latent schon da, sie wartet nur auf einen bestimmten Blick, um aus dem Ei zu schlüpfen.

Ich möchte hier ein Beispiel aufgreifen, das in meinem Buch „Gottessöhne, Gottestöchter“ enthalten ist (3. Aufl. 1995). Eines Tages habe ich mich in einem koptischen Kloster im Wadi Natrun, einer Oase zwischen Kairo und Alexandria, befunden; das Kloster datiert aus dem vierten Jahrhundert. Im Heiligtum hingen Lampen mit Straußeneiern von der Decke, und ich habe nachgefragt: „Warum gebt ihr auf diese Lampe ein Straußenei?“ Ich erhielt die Antwort: „Das hat seine eigene Bedeutung. Wenn die Straußenhenne ein Ei legt, betrachtet sie es lange voller Liebe. Schließlich bringt ihr Blick das Ei zum Bersten, und das Junge schlüpft heraus.“ Ich weiß nicht, ob das wissenschaftlich haltbar oder eher eine Fabel ist, aber so hat man es mir erzählt. Und ich habe den Gedanken großartig gefunden! So blickt Gott uns an! Sein Blick öffnet mich, bricht mich auf. Sein liebevoller Blick, der auf mich fällt, läßt mich voll erwachen, läßt mich leben, läßt mich wachsen. Ich fand das wunderbar und gewaltig.

Und ich versuche mir vorzustellen, wie der Blick Gottes auf mich fällt und er zu mir sagt: „Henri, ich glaube an dich.“ Es ist ein Blick des Glaubens und ein Blick der Liebe, und die beiden sind ein und dasselbe. An jemanden glauben heißt einen besonderen Blick für ihn haben. Und weil Gott an den Menschen glaubt und ihn mit einem bestimmten Blick betrachtet, wird der Mensch das, worauf Gott wartet. Der Mensch wird das, was Gott von ihm erwartet. Alles, was Gott von mir glaubt, das werde ich auch; weil er daran geglaubt hat. Der Glaube erschafft sich seinen Gegenstand. Die Erwartung erschafft ihr Ziel. Das ist das Schöpfungswunder des Glaubens, weil der Glaube auch Hoffnung ist. Wenn ich glaube, hoffe ich.

Glaube und Hoffnung sind ein und dasselbe. Und weil ich geglaubt habe, weil ich gehofft habe, habe ich etwas ins Leben gerufen. Man nennt das Liebe. Liebe besteht darin, an den anderen zu glauben. Liebe besteht darin, auf den anderen zu hoffen. Gott schafft etwas, indem er das liebt, was noch nicht existiert. Ich habe einmal ein Gedicht geschrieben, das mit den Worten beginnt: „Wenn Du nicht wärst, sag mir, wer hätte mich geschaffen? Ich existiere nur durch Dich! Eines Tages hast Du Dich über mich gebeugt …" Und ich würde sagen, für uns gilt dasselbe: im anderen das erwecken, was noch nicht da ist, um es zum Leben zu bringen. Eine andere Art von Nächstenliebe – das ist diese schöpferische Liebe! Indem ich liebe, wie Gott liebt, werde ich zu Gott, werde ich zum Mitschöpfer; ich erschaffe etwas aus dem Nichts.

Wir meinen manchmal, eine Mutter bringt ihr Kind zur Welt, weil sie ihm einen Leib schenkt. Aber der Leib ist gar nichts. Im Augenblick der Geburt beginnt das Kind erst, als geistiger Mensch erschaffen zu werden. Es ist der mütterliche Blick, der wartet, ein Blick, der hofft. Das Kleine krabbelt noch auf allen vieren, und sie sagt zu ihm: „Komm her! Komm her!" Und siehe da, es läuft der Mutter in die Arme. Warum? Weil es der Blick der Mutter aufgerichtet hat, weil sie es geglaubt hat. Der Glaube an diese Fähigkeit des Kindes hat bewirkt, daß es gehen kann. Ihr Glaube an die Fähigkeit des Kindes zu sprechen bringt es tatsächlich zum Sprechen. Erziehung ist Erwartung. Erziehung ist Hoffnung. Und dadurch wächst das Kind heran. Alles, was in ihm verborgen angelegt war, tritt ans Tageslicht. Es ist jener Blick der Straußenmutter auf ihr Ei. Sie schaut es an, und das Ei bricht auf.

Ein Durchschnittslehrer in einer Schulklasse kann, wenn er will, immerfort die brillantesten Schüler aufrufen, denn er weiß, daß sie eine gute Antwort geben werden. Ihm selbst wird das Freude und Befriedigung bereiten. Ein guter Lehrer hingegen fragt gerade ein Kind, das die Antwort noch nicht weiß, und ermuntert es. Das Kind wird zögern und suchen. „Du weißt es schon, du weißt es schon." Und er wird die Antwort langsam kommen lassen, und sie wird richtig sein. Warum? Weil der Lehrer sie erwartet; er hat sie entstehen lassen, er hat sie in ihm erzeugt. Das sind die großen Erzieher! Sokrates hat niemals Antworten gegeben, er hat immer nur Fragen gestellt. Aber die Frage erlaubt dem anderen, seine verborgene eigene Antwort zu finden.

Ich habe Ihnen schon eingangs gesagt: Meine Absicht heute abend ist nicht, Ihnen neue Wahrheiten zu verabreichen, sondern Sie Ihre eigene Wahrheit finden zu lassen, die Wahrheit, die in Ihnen ist; Sie sollen sich sozusagen selbst entbinden. Nach meinen Vorträgen kommen zahlreiche Personen zu mir und sagen: „Sie haben genau das gesagt, was ich mir schon immer gedacht habe." Darauf ich: „Nichts anderes habe ich mir gewünscht." Es geht mir nicht darum, Ihnen neue Erkenntnisse vorzulegen, sondern es geht mir darum, daß Sie sich selbst zur Welt bringen, daß Sie sich Ihnen selbst gegenüber offenbaren. Ein Meister, der zu viele fremde Wahrheiten vorbringt, entfremdet nur. Es gibt keine besseren Wahrheiten als jene, die Sie in sich selbst entdecken.

***

Jetzt möchte ich mit Ihnen noch mehr in die Tiefe gehen. Ich habe von der Kraft und der Würde gesprochen, die sichtbar werden. Das stimmt. Aber in der Tiefe eines jeden Menschen gibt es noch mehr als Würde, es gibt den göttlichen Funken, den lebendigen Gott selbst. Er ist im Menschen! Der Mensch ist ein geheiligtes, göttliches, heiliges Wesen. Und während die Pharisäer zu Jesus gesagt haben

„Du bist nur ein Mensch und machst dich selbst zu Gott"
(Joh 10,33),

wissen Sie, was er ihnen geantwortet hat:

„Heißt es nicht in eurem Gesetz: Ich habe gesagt: Ihr seid Götter? Wenn er jene Menschen Götter genannt hat, an die das Wort Gottes ergangen ist, und wenn die Schrift nicht aufgehoben werden kann, dürft ihr dann von dem, den der Vater geheiligt und in die Welt gesandt hat, sagen: Du lästerst Gott – weil ich gesagt habe: Ich bin Gottes Sohn?"

(Joh 10,34-36)

Mit anderen Worten: Er antwortet auf die Verdächtigung, die an ihn gerichtet wird: „Du machst dich zu Gott!" mit dem Hinweis: Die Schrift sagt: „Ihr seid Götter!" Er nimmt seine Auferstehung vorweg und sagt: „Jeder Mensch ist Gott. Jeder Mensch ist Kind Gottes." Oder wie ein modernes französisches Kirchenlied singt:

„Tout homme est une histoire sacrée."
(Jeder Mensch ist eine heilige Geschichte.)

Die Heiligkeit des Menschen! Der Mensch – ein geheiligtes Wesen. Das Christentum hat den Menschen geheiligt! Der Mensch hat sein Ziel in sich selbst. Der Mensch ist etwas Absolutes. Jeder Mensch! Der Embryo, der geistig Behinderte, der Körperbehinderte, die Greisin, jeder Mensch. Deshalb sind Abtreibung und Euthanasie indiskutable Themen. Jeder Mensch ist eine heilige Geschichte.

Es ist leicht, sich in einer Kirche, in einem Tempel niederzuwerfen. Für einen Katholiken ist es ein Leichtes, sich vor einem Tabernakel niederzulassen und zu sagen: „Ich glaube an Deine Gegenwart in der Hostie." Letztlich ist eine solche Gottesverehrung unchristlich, denn das wahre christliche Mysterium besteht darin, Gott von da oben herunter und in die Welt zu holen. Da oben gibt es keinen Gott mehr. Wenn wir das Geheimnis der Menschwerdung ernstnehmen, gibt es da oben keinen Gott mehr. Und infolgedessen besteht der Akt der Anbetung, der bisher darin bestanden hat, sich vor Gott zu Boden zu werfen, jetzt darin, das Knie vor dem Menschen zu beugen. Ist Gott ausrangiert worden? Gibt es keinen Gott mehr? O doch! Das erste Gebot ist jetzt im neuen enthalten: „Liebet einander!" Es gibt nur mehr ein einziges Gebot. Und bei dem, was Sie im Evangelischen Diakoniewerk oder in der Katholischen Caritas tun, handelt es sich eben darum, den einstigen Kult Gottes in der Verehrung des Menschen zu leben. Des Menschen, der absolut gesetzt wird.

Darin findet sich auch die Rechtfertigung und Erklärung dafür, daß ein Mensch sein Leben für einen anderen hingeben kann. Dieses Opfer steht eigentlich nur Gott zu. Das Opfer des Lebens gebührt Gott allein. Wenn ich dasselbe also für einen Menschen leiste, bedeutet dies, daß dieser Mensch für mich von göttlicher Bedeutung ist - also Gott ist. Das Christentum ist die Religion der Inkarnation. Und die Inkarnation, die Fleisch- oder Menschwerdung Gottes, ist für mich kein Ereignis der Vergangenheit, sondern eines von heute.

Ich möchte unsere Begegnung dort beenden, wo ich begonnen habe. Es gibt einen Blick, der das Antlitz des anderen durchdringt, in sein Inneres eintritt und in der Tiefe dieses kleinen Körpers Gott findet, mag der Körper noch so häßlich sein, mag er noch so schön sein, denn es ist nicht verboten, auch das Schöne zu lieben. (Wenn ich Fachah lieben soll, heißt das nicht, daß ich nicht auch die schönen Mädchen lieben darf; beides hat nebeneinander Platz.) Es gibt diesen Blick, der jenen Funken des Göttlichen aufspürt, der wie eine kleine Flamme im Heiligtum verborgen flackert.

„Selig, die ein reines Herz haben;
denn sie werden Gott schauen." (Mt 5,8)

Es ist das Herz, das erkennt, was dem Auge verschlossen ist. Es sind die reinen Herzen, die Gott schauen werden, nicht die Augen, und trügen sie die stärksten Brillen.

Bei der Hilfeleistung gegenüber Ihren Senioren oder im Unterricht in dieser Fachschule gilt für uns alle hier vom Diakoniewerk oder von der Caritas: Mehr als das, was wir den anderen geben, erwarten sie von uns diesen Blick des Herzens. Diesen Blick, der sie zu vollwertig anerkannten Menschen macht, der sie aufwertet! Die materielle Hilfestellung, die ich leiste, die Ausweise, die ich ausstelle und abstempele, die Medikamente, die ich verteile, oder die Wohnung, die ich beschaffe – alle Dienste, die wir für die Menschen leisten können, sind gut, sind wichtig. Aber über all das hinaus zählen das Lächeln und der Händedruck, die Herzenswärme und der Respekt vor dem anderen. Manchmal ist in unseren christlichen Krankenhäusern alles perfekt, und die Verpflegung ist gut. Aber es fehlt die Herzenswärme. Es fehlt die Seele, die Seele! Eine andere Art von Nächstenliebe, das bedeutet eine Caritas und eine Diakonie, der wir eine Seele einhauchen. Es geht darum, jeden Hilfsdienst mit dem Herzen zu leisten. „Mit ganzem Herzen und ganzer Seele, mit all deinen Gedanken und all deiner Kraft" liebe nicht vorrangig deinen Gott, sondern deinen Nächsten – weil dieser dein Gott ist. „Ich war hungrig, und ihr habt mir zu essen gegeben; ich war durstig, und ihr habt mir zu trinken gegeben …" (Mt 25,35) Das ist unmißverständlich.

Ich schließe mit einem Gebet:

DIE FLAMME DER LIEBE UND HOFFNUNG

Herr, gib mir Deine Augen,
damit ich verstehe, den Menschen so zu sehen,
wie Du ihn siehst.
Einen Blick der liebenden Betrachtung,
einen Blick des Glaubens,
einen Blick der Hoffnung,
einen Blick der Erwartung,
der schöpferisch wirkt.
Deine Wunder, Herr, waren nichts anderes
als dieser Glaube an den Menschen,
der ihm erlaubt zu genesen
und wie eine Quelle neu zu sprudeln.
Herr, gib mir Glauben
an den häßlichsten meiner Nächsten,
um ihn werden zu lassen,
um Dich kommen zu lassen in ihm!
Leg in meinen Dienst bei der Diakonie
die Flamme der Liebe und Hoffnung,
in mein Lächeln Herzenswärme
und in meine Gesten uneingeschränkten Respekt.
Gewähre mir, Dich in jedem Menschen zu achten,
Deine Größe zu schauen,
Deine Gegenwart im geringsten
unter meinen Brüdern und Schwestern.
Damit meine Anbetung Deiner Person
zu einer Anbetung des Menschen wird,
damit ich Dir das Kommen des Reiches ermögliche
und die neue Menschheit erschaffe,
aus der Du in der Fülle hervortreten kannst
im auferstandenen Menschen,
im lebendigen Menschen. *Amen.*

DISKUSSION

FRAGE 1: Beruht die Fähigkeit, Jesus in seinem Nächsten zu sehen, auf göttlicher Eingebung oder auf einem menschlichen Willensakt? Und welche Rolle spielt dabei unser Gefühl?

BOULAD: Eine gute Frage! Die Parallelfrage hieße: Schließt die Agapé das Gefühl aus? Beim Eros ist das Gefühl ja notwendigerweise dabei, aber bei der Agapé liegt ein Willensakt vor. Und dieser Willensakt ist zugleich mein eigener und der Gottes, der in mir wohnt. Wir sind manchmal geneigt, das Handeln des Menschen und das Handeln Gottes gegeneinander auszuspielen, als wären die beiden Akte entgegengesetzter Natur. Wenn aber das Handeln Gottes im Handeln des Menschen enthalten ist, dann handelt Gott in mir nicht ohne mein Zutun. Er ist schon in meinem Willen, in meinem Antrieb. Gott und ich, wir setzen die Handlung in Personalunion. Das ist die erste Antwort auf Ihre Frage.

Zur Frage des Gefühls: Kann man mit all seinem Gefühl auch im Sinne der Agapé lieben? Anfangs im allgemeinen nicht. Zu Beginn ist die Agapé ein reiner Willensakt gegen jedes Gefühl, sogar oft gegen jede natürliche Neigung. Vielleicht am Ende einer gewissen Zeit gesellt sich dann das Gefühl dazu, das aber ein anderes ist, nicht von derselben Art wie der Eros. Ich kann es nicht erklären. Aber es wäre falsch zu glauben, die Liebe sei nicht aufrichtig, weil sie mit keinem Gefühl verbunden ist. Man kann eine aufrichtige Liebestat setzen, ohne daß das Gefühl daran Anteil hat. Man ist einfach von ihrer Richtigkeit überzeugt. Die Überzeugung bewirkt, daß die Tat sogar aus einer tieferen Schicht in mir kommt, die nicht auf der Ebene der sich oftmals leicht verflüchtigenden, spürbar-spontanen Anziehung liegt. Das Spontane ist nicht notwendigerweise auch das Tiefere, es gehört einer anderen Ordnung an.

FRAGE 2: Eigentlich haben wir genug davon, daß die Betonung ständig auf die Agapé gelegt wird. Warum wird so wenig von der Bedeutung der Sexualität und der Schönheit des Eros gesprochen, die doch von Gott kommen?

BOULAD: Ja, ich verstehe, ich verstehe sehr gut. Wenn man zu sehr auf der Agapé besteht, wird daraus zu guter Letzt eine Verstandesliebe oder nur ein trostreiches Mitleid mit dem Nächsten. Und es ist letztlich eine Geringschätzung des anderen, wenn man ihn nur mit der Agapé liebt; nicht nur Geringschätzung, es ist Trägheit.

Ich würde zwei Dinge unterscheiden. Ich glaube an dich, ich glaube daran, daß das, was ich in dir liebe, existiert und daß meine Liebe dazu beitragen wird, daß dieses Etwas noch mehr und noch besser und noch länger existiert. Das ist die erste Sache. Der zweite Aspekt, den ich unterstreichen möchte, ist, daß in der Agapé eine gewisse Unlust liegen kann, im andern das aufzuspüren, was an ihm anziehend sein könnte. Jeder Mensch, selbst Fachah, hat doch etwas Anziehendes an sich, vielleicht nicht gerade viel, aber sie hat auch sympathische Züge. Und die Suche nach diesen nur wenigen 5 oder 3 Prozent Attraktivität hat meines Erachtens etwas mit dem Eros zu tun, sie ist wichtig, weil die Agapé vom Eros ausgehend aufrichtig wird. Wir müssen also die Mühe auf uns nehmen, trotz aller Abneigung jenen Funken zu entdecken, der mir den anderen anziehend macht.

FRAGE 3: Wie soll man diesen neuen Blick der Liebe und Agapé lernen? Wie kann man sich darin üben?

BOULAD: Dafür gibt es keine Zauberformel, kein Rezept, keinen Kunstgriff, keinen Druckknopf. Ich vertrete die Auffassung, daß das geistige Leben ein Ganzes ist und daß man zu dieser selbstlosen Liebe durch völlige Selbstentäußerung gelangt. Das ganze Leben ist davon betroffen. Wer imstande ist, seinen Egoismus zu zügeln, systematisch und regelmäßig, der erreicht durch diese Vorgangsweise Schritt um Schritt eine Läuterung seines Blicks. Ich greife wieder auf das Beispiel von Fachah zurück: Mein Blick in ihre Augen entwickelt sich, indem ich die Geste zunächst bewußt setze, später fast ohne mein Zutun, ja ohne meine Absicht. Ich würde sagen, zu Beginn muß man sich so entscheiden, das verwandelt das Sein und verändert den Blick. Dazu zähle ich auch die gesamte christliche Kultur und eine tiefschürfende Lektüre des Evangeliums: Nach und nach verwandeln sie das Herz und das Leben und den Blick.

Ich denke, wir müssen bei der Jugenderziehung – in der Schule wie zu Hause – diese Fähigkeit zum Altruismus entwickeln, die Fähigkeit selbstlos zu lieben, weil das Wort Liebe heute ausschließlich um den Eros kreist. Liebe bedeutet für die jungen Leute Eros und Sex. Wir müssen ihnen nahebringen, daß sie Liebe nicht künstlich erzeugen können, wenn die Agapé fehlt, nicht einmal eine sinnliche Liebe wird ihnen dann gelingen. Es gibt keine reine Liebe im Sinne des Eros allein.

Derzeit meinen die Leute, wenn in einer Beziehung keine Gefühle rauschen, ist die Beziehung falsch, man macht sich etwas vor und ist nicht aufrichtig. Aus diesem Grund gehen so viele Ehen in Brüche, weil die Eros-Liebe auf einem reinen Gefühl aufbaut, aber das Gefühl dauert nicht ewig, oder es kommt und geht. Wenn meine Liebe als Grundlage nur den Eros hat, wird sie so lange dauern, wie der Eros dauert. Daher meine ich, daß wir die wahre Liebe lernen müssen. Liebe ist keine spontane Mitgift der Natur. Das wäre zuwenig. Aber lieben heißt beides. Es beginnt mit dem einen, und wenn das andere nicht dazukommt, ist es nicht Liebe und hat keinen Bestand. Doch eine Liebe, die nicht unbegrenzt hält, ist keine Liebe. Die Krise der Liebe, der Ehe und der Treue heutzutage kommt genau von dort her, daß man sagt: „Ehrlich gesagt kann ich mit ihm oder ihr nicht zusammenbleiben." Aber die Ehrlichkeit ist eine Sache, und die Wahrheit ist eine andere Sache. Jeder Mensch ist ein Absolutes. Wahrhaft lieben heißt die absolute Würde des anderen entdecken. Wenn das nicht geschieht, ist es aus. Und was absolut ist, ist es ein für allemal. Es gibt nichts Absolutes auf ein Jahr, zwei Jahre, drei Jahre. Das Absolute ist absolut. Lieben heißt jemandem sagen: „Du bist für mich alles. Und du wirst für mich immer dieses Alles bleiben." Ist das später nicht mehr der Fall, ist es keine Liebe gewesen. Für mich ist die Treue in der Liebe der Beweis dafür, daß die Liebe von Anfang an bestanden hat. Wenn aber die Treue fehlt, war niemals Liebe im Spiel. Nur Eros.

Ich möchte Ihnen drei Gedanken weitergeben:

„Liebe ist nur dort, wo die Wahl unwiderruflich ist."
(Antoine de Saint-Exupéry)

*„Eine Freundschaft, die zu Ende gehen konnte,
hat niemals bestanden."* (Aristoteles)

Und der französische Religionsphilosoph Maurice Blondel bemerkt:

*„In der gewöhnlichsten Natur des Menschen gibt es
immer etwas Einzigartiges, das auch einer einzigartigen
Liebe würdig ist."*

Es ist dieser Kern, der das Absolute und Einzigartige des andern ausmacht und der in der Liebe geliebt wird; alles Übrige, die anziehende Schönheit, der Körper, der Charme, die Intelligenz usw. sind nur die Zugaben. Das alles ist gut und schön, aber lieben heißt des andern Herz berühren, sein Letztes, sein Innerstes. Ich liebe dich, dich! Wenn ein Bursch zu einem Mädchen sagt „Ich liebe dich", meint er dieses heilige Du. „Was ist es, das du an mir liebst? Mein Körper, meine Talente, meine Titel?" „Und wenn ich jetzt all das einbüße – wirst du mich auch dann noch lieben?" Ich habe hier zu diesem Thema schreckliche Texte gesammelt, z. B. von Jean Rochet, von Pascal, Bergson, Guardini, Jean Lacroix. Schreckliche Texte! Jemanden mehr lieben als nur ihn. Ihn lieben, ihn. Sie lieben, sie! „Wenn mich morgen ein Brand zum Monster verunstaltet, liebst du mich dann immer noch, mich, das schöne Mädchen, das dir so gefiel?" „Nein, ich habe dich geliebt, wie du warst, nicht wie du heute bist. Jetzt fühle ich mich betrogen."

FRAGE 4: So in die Gegend lieben: „Liebe deinen Nächsten" – das ist nicht in jedem Fall möglich. Manchmal ist es besser, statt dessen einsame Wege zu gehen. Sie aber sagen, das sei ein Muß.

BOULAD: Ich für meinen Teil halte es so, daß ich jedem Menschen Zeit und Aufmerksamkeit schenke, nicht weil ich das Bedürfnis habe, sie ihm zu geben, oder zuviel Zeit hätte, sondern weil ich sie ihm geben muß. Ich sage nicht, daß man das verallgemeinern soll. Aber als Priester wie als Ordensmann habe ich mein Leben dafür hingegeben. Meine Freude besteht darin, den anderen weiterzubringen, ihn zu fördern, zu wandeln. Und deshalb befrage ich im allgemeinen niemals meinen persönlichen Geschmack, um zu erfahren, ob ich mit dieser oder jener Person so oder so viel Zeit verbringen möchte, sondern ich spüre das dringende Verlangen, das sie nach mir hat. Wenn sie eine Stunde braucht, werde ich ihr eine Stunde widmen. Wenn sie zwei Stunden braucht, muß ich ihr zwei Stunden geben. Wenn sie es aber darauf abgesehen hat, einfach nur mit mir plaudern zu wollen, sehe ich, daß ich meine Zeit vergeude und widme ihr auch nicht eine Minute, denn es warten andere darauf. Infolgedessen würde ich sagen:

Wenn man sich auf die Ebene einer selbstlosen Liebe begeben möchte, darf nicht das Bedürfnis ausschlaggebend sein, sondern das notwendige, ernste Verlangen des anderen, das man herausfinden muß.

Jetzt zu dem Jesuswort „Liebe deinen Nächsten". In diesem Satz steckt ein erschreckender Realismus. Der Nächste, das ist der, der mich plötzlich mit einem Anliegen anruft, der im Zug neben mir sitzt und mit mir reden will, obwohl ich lese, der mein Wohnnachbar ist, der meine unerträgliche Frau oder mein unmöglicher Mann ist, der meine Schwiegermutter ist. Das ist mein Nächster. Schade, ich hätte ihn lieber ausgetauscht, diesen lieben Nächsten, aber er ist nun einmal da. Und jetzt gibt es eben eine Nagelprobe, die schrecklich ist. Das Evangelium ist eine Schule des Realismus.

In Ägypten beispielsweise leben wir unter starkem islamisch-fundamentalistischen Druck. Man muß es akzeptieren – ich habe den Fundamentalismus gar nicht gern, aber ich muß die Menschen lieben, mit denen ich zusammenlebe, sie annehmen und sie sogar aufnehmen. Jeder weiß, daß das nicht leicht ist. Aber wenn ich sie wirklich liebe, muß ich sie zugleich ändern wollen. Das ist ein wichtiger Punkt. Wenn ich jemanden liebe, der üble Dinge anstellt, werde ich versuchen ihn zu ändern. Nehmen Sie zum Beispiel wieder die alte Fachah, die sich alle paar Monate einmal wäscht. Ich gehe zu ihr hin und sage: „Geh dich waschen. So geht das nicht weiter." Ich versuche darauf hinzuwirken, daß sie etwas sauberer wird, daß sie sich ordentlicher kleidet. Wenn ein Schüler im Unterricht ständig Lärm verursacht, nimmt der Lehrer das auch nicht einfach zur Kenntnis, sondern unternimmt etwas, damit er sich ändert. Lieben heißt also zuerst einmal den anderen annehmen, aber zugleich auch ihn zum Besseren hin verführen; tue ich das nicht, ist meine Nächstenliebe träge und passiv – und eigentlich umsonst.

FRAGE 5: Ein großes Problem in der Ehe ist nicht nur der eigene Egoismus, sondern auch der Egoismus des anderen. Und der Glaube! Was tun, wenn der andere nicht an Gott glaubt, nicht versteht, daß Gott in der Beziehung ist?

BOULAD: Liebe ist manchmal ein langes Sich-Gedulden. Darauf warten, daß das, was in Ihnen herangereift ist, auch in ihm heranreift. Das braucht Zeit, und manchmal geht gar nichts. Aber oft hat diese Geduld, wenn sie schon auf den anderen keine Auswirkungen zeigt, einen Effekt für Sie selbst, spüren Sie es nicht? Sie vertiefen sich dabei ungeheuer. Wenn sie schon den anderen nicht verwandelt, so verwandelt sie wenigstens Sie – und das mit Sicherheit. Vertrauen! Gott ist Gott, weil er wartet, bis alles überstanden ist. Und Christus mahnt, nicht nachzulassen:

> *„Ihr sollt vollkommen sein, wie es auch*
> *euer himmlischer Vater ist."* (Mt 5,48)

Ich bringe ein Beispiel: In meinem gewöhnlichen Tagesablauf bin ich bis über die Ohren eingedeckt mit Arbeit. Es gibt deshalb Augenblicke, in denen ich bei bestimmten Personen glaube, die Geduld zu verlieren. Dann sage ich mir: Nein, du hast in dir die Fähigkeit, diesen Zornesanfall zu überwinden. Das ist ein innerer Kampf. Und siehe da, ein Lächeln: „Ja bitte, gnädige Frau ..." (Gelächter) Während das spontane Verhalten darin bestehen würde zu sagen: „Lassen Sie mich endlich in Ruhe! Kommen Sie mir nicht mehr unter die Augen." Ich lerne Tag für Tag, mich zu beherrschen und mir einzureden: Du hast in dir eine unbegrenzte Geduld – was natürlich nicht stimmt. Aber weil ich es mir einrede, wird es mir zuteil. Ein Wunder.

Ich mache immer wieder die Erfahrung, daß im Menschen eine unglaubliche Fähigkeit zur Selbstüberwindung steckt.

Man muß nur da herankommen. Ich sehe vor mir eine Mutter, die zu einer Caritas-Mitarbeiterin kam. Sie hatte ein Kind mit einem mißgestalteten Kopf, nicht funktionierenden Gehirn, auch sein Herz war schlecht ausgebildet, man hatte ihm drei Monate gegeben. Jetzt ist es eineinhalb Jahre alt und lebt noch immer. Tag und Nacht schläft die Mutter nicht, seit eineinhalb Jahren. Menschlich gesehen ist das ein Ding der Unmöglichkeit. Aber ich glaube auch hier an den verborgenen Sinn und die Gnade. Gott schenkt dem Menschen unbegrenzte Kräfte. Und wenn man sich sagt „Ich kann nicht mehr“, muß man sich selbst korrigieren: „O doch, ich kann sehr wohl“!

Ich glaube an den Menschen, weil ich an Gott glaube. Ich glaube daran, daß Gott in mir ist, wie er im anderen ist und daß ich in mir unerschöpfliche Kraftreserven habe. Und wenn man glaubt, mit seinen Möglichkeiten am Ende zu sein, und sich sagt „Es ist vorbei, ich gebe auf“, so ist es noch lange nicht aus. Man darf niemals sagen „Ich kann nicht mehr“. Ganz besonders in bezug auf den anderen, den Nächsten. Wenn der andere Ihre Nerven bis aufs äußerste strapaziert hat, sagen Sie zu sich: „Ich kann ihn noch immer annehmen, ich kann ihm noch immer zulächeln, ich kann ihn noch immer zu lieben versuchen.“ Das ist Heroismus.

Jetzt werden Sie wieder sagen: „Sie insistieren zu sehr auf der Agapé.“ Das mag schon sein … Aber warum tue ich das? Vielleicht ist doch alles wahr.

GOTT IM WERDEN

Vortrag „Plädoyer für eine andere Art von Nächstenliebe – Mystik und Spiritualität in der Sozialarbeit", gehalten an der „Innsbrucker Sozialakademie" in Innsbruck am 28. April 1994

Sie kennen die Fotos aus dem Sudan. Ein zehnjähriges Kind schaut aus, als wäre es achtzig. Ein Greisengesicht. Der Blick eines Überlebenden aus dem Inferno. Mit Beinchen wie Streichhölzer hängt es auf der Schulter seiner Mutter, die ihm nichts anbieten kann als ihre Zuneigung. Ich habe das Drama im Sudan mit eigenen Augen gesehen: ganze Völkerschaften bei der Durchquerung der glühenden Wüste, auf der Flucht vor Massakern, tagtäglich auf der Wanderschaft, erschöpft. Ich besitze ein Foto von einer halbtoten Mutter, die mit ihren vier Kindern von zu Hause geflohen ist und auf dem Weg eines nach dem anderen verlor; ausgelaugt vom Leid und Hunger traf sie mit dem vierten Kind in einem Auffanglager ein, das von ägyptischen Ordensfrauen in Sennar am Blauen Nil unterhalten wird. Dieses vierte konnte gerettet werden.

Ich werde Ihnen hierzu einen Text vorlesen, mit dem ich am 18. Dezember 1992 im Pariser „Radio France Internationale" versucht habe, die Aufmerksamkeit auf das Drama dieses dreifachen Völkermordes im Sudan zu lenken.

SCHWEIGEN, MAN TÖTET!

Im Sudan geschieht ein unbeschreiblicher Völkermord, der von den Medien anscheinend verschleiert, zumindest aber ignoriert wird. Ich möchte ihn hier anprangern als ein Drama, das noch weitreichender ist als das von Somalia oder Bosnien. Ich fühle mich zutiefst solidarisch mit den leidenden Menschen in diesen beiden Ländern, sehe aber nicht ein, warum einige Völker das Recht haben, die internationale Aufmerksamkeit und das Interesse der Medien zu bekommen, während bei anderen, wie dem Sudan, das Drama übersehen oder verdeckt wird.

Der offene, gemäßigte, tolerante Islam wird nunmehr von den Extremisten an der Macht abgelehnt, welche im Sudan einen theokratischen Staat errichten wollen, mit allen ihnen zur Verfügung stehenden Mitteln, wie Krieg, Folter Verfolgung. Vor kurzem wurde in Kairo eine Konferenz des Sudanesischen Verbandes für Menschenrechte abgehalten, in dem die Hauptvertreter Moslems war: Sie haben die Grausamkeiten offen verurteilt, die dort sowohl gegen Moslems als auch gegen Christen und Animisten begangen werden.

Die Situation in Khartum: *Im Einzugsbereich von Khartum leben 1 1/2 Millionen Menschen, wovon die Mehrheit Christen und Animisten sind, seit Jahren unter den entsetzlichsten Existenzbedingungen. Sie sind aus dem Süden geflohen, um Hunger und Bürgerkrieg zu entgehen und Zuflucht in Umkreis von Khartum zu finden, in der Hoffnung auf Nahrung und Sicherheit.*

Die sudanesische Regierung hat jedoch beschlossen, sie alle per Lastfracht in der Wüste auszusetzen, ihre Behausungen zu schleifen, wenn man diese Wohnstätten überhaupt als solche bezeichnen kann, denn die aus Karton, Lehm und Jute bestehenden Unterkünfte verdienen nicht einmal die Bezeichnung von Wohnbaracken. Die Laster fahren vor, man gibt den Leuten zehn Minuten Zeit für die paar Kochtöpfe und Kleidungsstücke, die sie in Eile zusammenraffen können. Dann walzt der Bulldozer ihre Hütten nieder. Wer sich widersetzt, wird eliminiert. Viele wurden auf diese Weise unter dem Bulldozer zerquetscht, weil sie sich weigerten, ihre Zuhause zu verlassen. Diese Leute werden mit Kindern und Alten mitten in die Wüste transportiert, auf den heißen Sand hinausgeworfen, 30 bis 40 Kilometer von der Hauptstadt entfernt, ohne Wasser, ohne Schatten, ohne Nahrung, fern von indiskreten Kameras. Ich besitze die Zeugenaussage von Personen, die von dort kommen, Gruppen, die versucht haben, diese

Menschen im Inneren der Wüste zu erreichen, und die diese Elenden gesehen haben, hungernd, ohne Wasser, in auswegloser Situation, wartend auf den Tod.
Die Güter von internationalen Hilfsorganisationen werden ausschließlich an „al da`wa-l-Islamiya", die „Organisation zur Verbreitung des moslimischen Glaubens", geleitet und von ihnen übernommen, eine Organisation, die sich das Monopol über die Verteilung der Hilfsgüter angemaßt hat. Und diese Verteilung, hören Sie mir gut zu, erfolgt allein an Moslems, oder solche, die bereit sind, den moslimischen Glauben anzunehmen. Diese haben das Recht zu leben, während die anderen verrecken können – das ist der einzige Ausdruck, den ich finde, der dieser Situation gerecht wird. Die Zahl der Verschleppten betrug 100.000, hat bald die Grenze zu 400.000 überschritten und beträgt momentan um die 700.000. Siebenhunderttausend Personen, die im Augenblick in die Wüste rund um Khartum ausgesetzt werden, ohne daß das die öffentliche Meinung irritiert.
Die Situation in Juba, im Süden des Landes: *Die Menschen dieser Region, Christen oder Animisten, widersetzen sich dem Eindringen des Islams in den Süden des Sudans, die Eintrittspforte nach Zentralafrika. Der Islam sah sich dieser erbitterten Opposition gegenüber, da durch Jahrhunderte diese Bevölkerung von seiten der Araber Zwangsverschleppung und Sklavenhandel erleiden mußte. Nachdem die Regierung weder durch Krieg noch durch Bekehrungsversuche ans Ziel zu kommen schien, hat sie anscheinend beschlossen, zur Austilgung zu schreiten. Diese zweite Art eines Völkermordes ist im Moment in Juba im Gange, der Hauptstadt des Südens, wo 300.000 Menschen von einem schleichenden Tod durch Hunger und Krankheit bedroht werden. In die Enge getrieben, befinden sie sich eingekeilt zwischen zwei rivalisierenden Armeen, der der Regierung und der der Rebellen. Hilfe erreicht sie keine. Sie sterben, was beabsichtigt ist. Es gibt offensichtlich eine gewisse Anzahl von katholischen und protestantischen Organisationen (die katholische SUDAN-AID, den Lutherischen Weltbund usw.), die dort sehr tapfer und aktiv sind,*

aber es gelingt ihnen nicht, in diese Enklave vorzudringen. Das Resultat ist grauenhaft.
Sogenannte „Sicherheitskräfte" nehmen dort systematisch Jugendliche fest, verdächtigen sie willkürlich, Agenten von John Garang zu sein, dem Anführer der Opposition. Einmal geschnappt, werden sie in eine der Haftanstalten gesteckt, „Weiße Häuser" oder „Geisterhäuser" genannt, die durch Folter und Ausrottung schon traurige Berühmtheit im ganzen Süden erlangt haben. Kein Entkommen. Aber einige Tage später findet man die geblähten Leichen auf dem Nil schwimmend wieder, das Gesicht verstümmelt und unkenntlich gemacht. Einige unter ihnen sind Schüler von 13 oder 14 Jahren, die ihre Schultaschen noch auf dem Rücken tragen. Seit einiger Zeit werden, um das Auffinden der Spuren dieser Grausamkeiten zu verwischen, die Eingeweide aus dem Bauch der Opfer gelöst und durch Steine ersetzt. Nachdem der Körper mit Draht wieder vernäht wurde, wird er auf den Grund des Nils geworfen.
***Ethnische Säuberungsaktion der Nubas:** Eine dritte Art des Völkermordes wird im Augenblick in den Bergen von Nuba begangen, wo fast eine Million Menschen lebt, die Hälfte davon ist islamisiert. Da es aber nicht gelungen ist, sie vollständig zu assimilieren, hat die Regierung jetzt beschlossen, ihre Dörfer mit Gewalt zu besetzen, aufzulösen und sie zu Sklaven zu machen: Die Männer werden gezwungen, in der Ausbeutung der Menschen im Norden zu arbeiten, die Frauen und Kinder werden als Arbeitskräfte in arabische Länder (Libyen, Golfstaaten) verkauft. Laut Aussage von Personen, die aus dieser Gegend kommen, werden Frauen aus diesen Bergdörfern zunächst in Gruppen vergewaltigt, dann splitternackt mit abgehackten Armen und Beinen auf Bäumen aufgehängt, den Bauch von Eingeweiden entleert, die durch Kot und altes Papier ersetzt wurden, zur Abschreckung.*
Indem man die schrecklichen ethnischen Säuberungen in Bosnien-Herzegowina anprangert, täte man gut daran, die anderen ethnischen Säuberungen nicht zu vergessen, die in aller Stille im Sudan begangen werden, wo den Medien der Zugang verwehrt wird."

Neben diesem sudanesischen Drama gibt es gleichzeitig andere, wir wissen es, auch jenes in Jugoslawien, mitten in Europa, bei dem man sich fragt, warum die Welt unfähig ist einzugreifen, und in Ruanda, wo sich in zwei Wochen solche Massaker ereignet haben, sodaß 100.000 Menschen Opfer wurden. Soviele Situationen, die uns beunruhigen sollten, und ich will Ihnen zu diesem Thema einen Text vorlesen, den ich einmal zu Weihnachten in einem Schrei des Aufbegehrens und als Aufruf zum Handeln niedergeschrieben habe:

„MEIN RECHT WIRD ZUM LICHT DER VÖLKER“[(1)]

Frieden, ja, aber welchen Frieden?
Wir wollen nicht irgend einen Frieden,
einen Frieden um jeden Preis,
sondern Frieden in der Gerechtigkeit,
im Licht und in der Wahrheit.
Dieser Frieden im Recht wird bitter errungen,
er bedeutet Kampf … und manchmal Gewalt.

Christus, Friedensfürst,
hast Du nicht von Dir gesagt:
„Denkt nicht, ich sei gekommen,
um Frieden auf die Erde zu bringen.
Ich bin nicht gekommen, um Frieden zu bringen,
sondern das Schwert.“[(2)]

Heiland aller Menschen,
dessen Mission es ist,
die verstreuten Gotteskinder einzusammeln
und sie alle zur Einheit zu führen,
hast Du nicht gesagt:
„Meint ihr, ich sei gekommen,
Frieden auf die Erde zu bringen?

Nein, ich sage euch, nicht Frieden,
sondern Spaltung."[3]

„Ich bin gütig von Herzen und sanft",[4]
hast Du über Dich selbst ausgesagt,
und doch bist Du zorngeladen gegen die Doppelzüngigkeit
der Pharisäer und Schriftgelehrten vorgegangen,
und wie oft hast Du sie Scheinheilige genannt

aufgrund ihrer Schlangenzungen!

„Weh euch, ihr Schriftgelehrten und Pharisäer!
Ihr Heuchler!
Ihr verschließt den Menschen das Himmelreich![5]
Weh euch, ihr Schriftgelehrten und Pharisäer!
Heuchler, ihr seid wie die Gräber,
nach außen weiß, getüncht,
innen aber voll Totenknochen, Schmutz und Verwesung!"[6]
Ihr Natterngezücht, ihr Schlangenbrut!
Wie wollt ihr dem Strafgericht entgehen?"[7]

Jesus, sanftes Opferlamm, milde und leidbereit,
hast Du nicht mit eigenen Händen
eine Geißel aus Stricken geflochten,
die Viehhändler und Geldwechsler aus dem Tempel gejagt,
Tische und Bänke umgestoßen und ihr Geld verschüttet?[8]

Friedensprediger! Seligpreisender!
In Deiner Bergpredigt hast Du der Menge verheißen:
„Selig, die Frieden stiften,
denn sie werden Söhne Gottes genannt."[9]
Aber Du hast auch gepredigt:
„Heute wird dem Himmelreich Gewalt angetan,
die Gewalttätigen reißen es an sich."[10]

Es ist einfach, den Frieden zu wollen,
indem die andern den Kopf hinhalten und zahlen,
uns aber „in Frieden" lassen,
im Frieden unserer Stumpfheit und Gleichgültigkeit,
im Frieden unseres Egoismus.

Jesus, Du kamst, um notwendige Unordnung zu schaffen,
um notwendige Unruhe zu stiften,
um an den Systemen zu rütteln
und damit unsere Sicherheiten in Frage zu stellen.
Der Friede, vom dem Du uns kündest,
wird uns erst am Ende zuteil werden,
am Ende eines harten Gefechtes
um das Recht und die Gerechtigkeit,
so wie wir es aus dem Liede kennen:
„Steile Wege müssen wir gehen,
um die kostbaren Bergblumen zu finden."

Solange Millionen der kleinen Kinder
des afrikanischen Kontinents
nicht mehr zur Verfügung steht als ein Napf voll Hirse
einmal pro Woche
und solange sie nackt umherirren mit geblähtem Bauch
auf spindeldürren Beinchen …

solange ein sorgloser Urlaubstourist
für eine einzige Hotelnacht eine Summe verjubelt,
die woanders ein Mensch nicht zusammenbringt
während seines ganzen armen Lebens …

solange sein Reisemonat zum Privatvergnügen
durch ein paar Länder der Ersten Welt so viel verbraucht
wie eine Familie der Dritten oder Vierten Welt
während ihres ganzen armen Lebens …

solange man glaubt, daß alles in Ordnung sei,
auch wenn die einen mehrere Häuser besitzen,
weil sie über mehrere Verdienstquellen verfügen,
andere dagegen sich zu zehnt zusammendrängen
in einem einzigen, menschenunwürdigen Raum,
in dem viele von ihnen verkommen,
weil sie umsonst auf Arbeit warten,
Monat um Monat und Jahr um Jahr...

solange es Länder gibt, die das Recht manipulieren,
weil sie unter den Segnungen der Großen und Mächtigen
und deren geheimen Komplizen
schalten und walten nach eigenem Belieben,
ohne daß sie sich je zu verantworten hätten...

solange es zweierlei Gewichte gibt,
um das Recht zu wägen,
und zweierlei Maß für die Gerechtigkeit,
solange es ein Recht gibt für die Alleshabenden
und ein anderes für die Nichtshabenden,
ein Recht für die einen Länder und eins für die andern ...

solange das Recht des Stärkeren gilt
und sich als gerecht gebärdet
gegenüber den Schwachen,
solange der Kopf des Stärkeren als der gescheitere gilt
und derjenige Recht bekommt, der am lautesten schreit ...

solange kann man wohlklingende Worte machen,
marschieren und rufen: „Wir sind für den Frieden!",
solange kann man die Hände falten
für ein schönes Gebet für den Frieden.
Pharisäische Lüge! Doppelzüngigkeit! Scheinheiligkeit!
Eine schlimme Komödie geht über die Bühne der Welt.

Jesus, laß mich die Wahrheit beim Namen nennen,
in dieser Welt der Doppelmoral,
ich schrei sie heraus im Namen der Kleinen und Schwachen
und all derer, die keine Stimme haben,
weil ihr Schrei erstickt wird
vom Lärm der Großen und Mächtigen.

Laß mich ihre Stimme sein,
damit ihnen Gerechtigkeit widerfährt,
laß mich mitwirken an dieser Rechtsbeschaffung,
laß mich mitstreiten für den Durchbruch der NEUEN WELT
in einer ZIVILISATION DER LIEBE,

für die Du zu uns Menschen gekommen bist,
für die Du gekämpft, gehofft und gelitten hast,
für die Du in den Tod gegangen bist.

Wir müssen den echten Frieden gestalten,
den Frieden im Licht und in der Wahrheit.
Dann wird es Dein Frieden sein -
der C h r i s t u s f r i e d e n in unserer Welt
und im Herzen des neuen Menschen.

1 Jes 51,4
2 Mt 10,34
3 Lk 12,51
4 Mt 11,29
5 Mt 23,13
6 Mt 23,27
7 Mt 23,33
8 Joh 2,14f
9 Mt 5,9
10 Mt 11,12

Wenn ich ein Kruzifix betrachte wie jenes von Matthias Grünewald – Christus mit gewundenem, gemartertem Körper, das Gesicht völlig entstellt, unter der Dornenkrone –, bin ich gerührt und denke an die Kreuzwege meiner Jugendjahre, als man mich anhielt, in Tränen auszubrechen über Jesus, der zum Tod verurteilt wird, über Jesus, der unter dem Kreuz fällt, über Jesus, der von den Nägeln durchbohrt wird und von der Lanze durchstochen. Ich bemühte mich sehr. In unserer Zeit habe ich den Eindruck, daß wir im Begriff sind, einen anderen Jesus zu entdecken, einen anderen Christus, Christus, der in der Menschheit lebt, leidet und stirbt. Zur leidensverliebten Spiritualität des Mittelalters wird hingegen auf Distanz gegangen. Die Gesellschaft ist sensibel geworden für das Drama des gekreuzigten Christus von heute, des „wiedergekreuzigten Christus“, um einen Ausdruck von Nikos Kazantzakis aufzugreifen. Und ich halte das für einen Fortschritt. Wir sollten den Kreuzwegen von einst nicht nachtrauern. Statt dem Priester auf diesen vierzehn Stationen zu folgen, brechen derzeit zahllose N.G.O.s auf, die „Ärzte ohne Grenzen“, das „Rote Kreuz“, die „Caritas“ und viele andere mehr, um diesen Kreuzweg auf der ganzen Welt zu gehen, auf der Welt mit ihren getretenen Völkerschaften, mit dieser sudanesischen Frau und ihren vier Kindern, die ihren eigenen langen Kreuzweg gegangen ist, Woche um Woche, bis zu jenem Lager der ägyptischen Ordensfrauen in Sennar. Das ist ein Fortschritt, kein Rückschritt. Der Mensch von heute hat nicht den Glauben verloren, er entdeckt ihn neu, er entdeckt den wahren Glauben, den Glauben an den heute gekreuzigten Jesus. Pascal hat es vorausgesagt:

„Christus liegt im Todeskampf bis ans Ende der Welt.“

Wir dürfen in dieser sturmgepeitschten Zeit nicht wie die Apostel im Boot schlafen. Wir meinen allzu oft, daß der auferstandene Christus bereits verherrlicht ist, er ist „in der Herrlichkeit des Vaters und sitzet zu seiner Rechten". Er ruht sich auf den erworbenen Lorbeeren aus und ist glücklich. Das nicht! Das gerade nicht! Das Drama der Leidensgeschichte ist ein gegenwärtiges. Und die Auferstehung ist etwas, das im Werden ist, dessen Ankunft wir herbeiführen müssen. Die Auffahrt Christi in den Himmel, sein Sitzen zur Rechten des Vaters, ist etwas Prophetisches, das kommen soll. Christus ist gerade jetzt dabei, seine Passion durchzumachen. In einem Blick, einem Gesicht wie aus dem Sudan, ist selbst Jesus zu sehen, gekreuzigt in der Nachwelt, ausgehungert, sterbend. Um das Antlitz Jesu heute zu entdecken, müssen wir einen Blick auf den Menschen werfen. Unsere Mystik bei der Sozialarbeit soll eine unbegrenzte Fähigkeit zum Mitleiden sein. Damit jedes Drama auf dieser Welt für uns zur Anfrage wird, damit es uns zu Boden wirft, uns aufrüttelt, zum Handeln und zum Anklagen bringt. Unter diesem Blickwinkel und in diesem Geist habe ich dieses Gedicht über den faulen Frieden, das in mir gebrodelt hat, niedergeschrieben. Es war um drei Uhr früh, ich bin aus meinem Bett gesprungen, weil es in mir kochte. Und ich habe geschrieben, wie in Trance geschrieben, und mich um 5 Uhr wieder niedergelegt, um bald darauf in die Caritas zu gehen. Was in der Welt vorgeht, das muß uns in unserem Herzen, in unserem Fleisch berühren und uns den Schlaf rauben.

Die alte Art, sich in die Passion Christi hineinzubegeben, bestand darin, am eigenen Körper die Wundmale Christi zu erleiden. Ich denke an Franz von Assisi, der kraft der Kontemplation des leidenden Christus an seinen Händen, seinen Füßen und an der Brust erlebte, wie sich die Stigmata Jesu abzeichneten. Ich denke an eine Mystikerin wie Therese Neumann, die ebenfalls die Leidensgeschichte physisch durchlebte. Ich denke an einen Mann wie Pater Pio. Das ist alles recht und gut. Aber für uns würde ich sagen: Wir gelangen zur Nachfolge des leidenden Christus nicht durch die Wundmale an unserem Körper; allenfalls an unserer Seele. Von uns sind nicht diese außergewöhnlichen mystischen Phänomene gefordert wie einst. Wichtiger ist, daß uns jedes Bild eines leidenden Wesens im tiefsten Grund unseres Seins trifft; auf diese Weise nehmen wir an der Passion teil.

Und noch etwas: Rund um Sie her, in Österreich, in Ihrer engsten Umgebung, ereignen sich seelische, geistige, menschliche Tragödien, die, auf anderer Ebene, ebenso schrecklich sind wie das, was Sie auf sudanesischen Fotos sehen. Unsere Nächstenliebe, die allumfassend sein soll, erfährt ihre Nagelprobe beim allernächsten Nächsten. Auch dieser liegt in Agonie. Wieviel Einsamkeit, wieviel Angst, wieviel Verzweiflung, wieviele Dramen gibt es doch in unserer nahen Umgebung, ohne daß wir sie wahrnehmen, weil sie hinter Mauern und Vorhängen stattfinden, in der Anonymität einer Stadt! Die Passion leben heißt die Stigmata des leidenden Menschen mitbekommen, aus dessen Herz es blutet, in dessen Herz Christus heute leidet.

Wenn Christus jetzt nach Innsbruck käme – würden wir ihn erkennen? Manchmal rümpfen wir beim Lesen des Evangeliums die Nase: „Ach, diese Pharisäer, diese Schriftgelehrten, die nicht an Jesus geglaubt haben! Dabei war es doch sonnenklar: Er war wirklich der Sohn Gottes, er war der Messias.“ Ich bin mir nicht sicher, ob wir Christus erkennen würden, wenn er heute käme, in diesen Vortragssaal herein, oder durch die Straßen dieser Stadt gehen würde. Vielleicht hätte er nicht das Aussehen von damals. Christus ist der Namenlose, der Unbekannte, der Flüchtling, der, der sich verbirgt, den man nicht kennt, den man übersieht. Und je „verfremdeter“ er ist, je mehr er sich verschleiert, desto mehr ist er Jesus. Der Glaube besteht darin, die Erscheinung zu durchdringen, um die verborgene Gegenwart Gottes zu erkennen. Mystik heißt nicht, in die Wolken zu entwischen, auf der Suche nach einem Gott, der irgendwo umgeben von seinen Engeln und Heiligen thront. Man denkt beim Wort Mystik meist an Weltflucht oder an ekstatische Heilige, die zur Decke hin aufgestiegen sind und deren Köpfe da oben in barocker Verzückung dargestellt sind. Klar, daß man da heute leicht mit Kritik bei der Hand ist! Mystik ist aber keine Weltflucht oder Träumerei. Mystik ist ein Blick, der die Erscheinung durchdringt, um die verborgene Gegenwart Gottes aufzuspüren, der sie sucht und der sie findet.

Gestern abend bei meinem Vortrag im Hörsaal der Theologischen Fakultät hier in Innsbruck über den Sinn für das Mystische und Kosmische habe ich von der Fähigkeit gesprochen, Gott in der Schönheit der Natur und im vielgestaltigen Reichtum der Schöpfung zu entdecken. Heute möchte ich mit Ihnen einen Schritt weitergehen oder einen Schritt in die Tiefe machen, denn es ist nur allzu leicht, Gott in der Schönheit zu entdecken, und schwer dagegen in der Häßlichkeit. Christus ist auch im entstellten Menschen voll gegenwärtig, vielleicht sogar mehr als im unbeschwert strahlenden! Beide sind Gleichnisse, Abbildungen Gottes. Der lebendige Mensch strahlt die Gegenwart Gottes aus, der zerschundene Mensch hingegen offenbart dieselbe Anwesenheit im Negativ. Mit anderen Worten, er ist da als ein Aufruf zur Existenz in einem Menschen, dem das allerniedrigste Existenzminimum verweigert wird, sei es hinsichtlich der Ernährung, sei es hinsichtlich der Zuwendung, die er braucht. Wir müssen fähig werden, das Antlitz Christi im Negativbild, im gemarterten Menschen auszumachen! Für mich ist die bestechendste Offenbarung Gottes das Kreuz, der gekreuzigte Jesus.

Mir ist in meinem Leben drei oder vier Mal eine blitzartige Christuserfahrung zuteil geworden, eine Begegnung von Angesicht zu Angesicht. Ich erinnere mich, es war während der Vorführung eines amerikanischen Films über den Zweiten

Weltkrieg, der Titel ist mir entfallen; da erlebte ein Frontsoldat ein grauenhaftes Schicksal, und nachdem er mehrmals dem Tod entgangen ist, befindet er sich als Schwerverwundeter in einem Blockhaus, ein zerfetztes, vom Tod gezeichnetes Gesicht, Augen der Angst … Beim Anblick dieses Gesichts habe ich mir plötzlich gesagt: „Wenn Gott irgendwo ist, dann in diesem Menschen, in diesem Gesicht, in dieser Agonie. Er ist hier viel eher als im Himmel mit all seinen Engeln. Wenn Gott nicht hier ist, ist er nirgendwo sonst.“ Ich habe erkannt, daß Gott sich nirgendwo stärker manifestiert als in der Tiefe der Tiefe der Tiefe menschlichen Elends. Hier ist Gott am meisten Gott, weil er hier am meisten Liebe und Mitleiden ist. Wenn Gott Liebe ist, muß er sich mit dem Menschen in seiner existenziellen Bedrohung, in seiner Einsamkeit, in seiner Verzweiflung, in seinem Todeskampf identifiziert haben. An einen distanzierten Gott im fernen Himmel glaube ich nicht. Aber an einen Gott im Antlitz dieses Soldaten, in der tiefsten Verzweiflung, in der schwärzesten menschlichen Nacht sehr wohl. Ja, Jesus, an diesem Tag habe ich Dein Gesicht gesehen. Ich habe Deine Gegenwart erlebt, gespürt, ich habe sie berührt, in der Tiefe dieser Augen. In diesem Augenblick wurde mir der Glaube zur Gewißheit.

Der christliche Glaube, nicht der Glaube im allgemeinen. Der christliche Glaube ist die Entdeckung, die Bekräftigung und die Verkündigung der Absolutheit Gottes im Relativen, in der Beschränkung, in der Schwäche, in der Ohnmacht. Für mich ist Jesus nicht deshalb der Sohn Gottes, weil er Wunder gewirkt hat. Wer Jesus wegen der Wunder zum Sohn Gottes erklärt, ist kein Christ. Der Glaube besteht darin, die göttliche Gegenwart aufzuspüren, aber nicht in der Glorie und in der Stärke, sondern in der Demut und in der Schwäche.

Die Moslems erregen sich hitzig, wenn wir Christus zum Sohn Gottes proklamieren. Das ist doch nicht möglich! Ein

Mensch, der ißt, der trinkt, der seine Notdurft verrichtet wie wir, soll Sohn Gottes sein, soll Gott sein? Skandal! Blasphemie! Ja, das eben ist der Skandal des Christentums: Gott in einem Menschen sehen, die grenzenlose, unendliche Gegenwart in einem Wesen aus Fleisch und Blut sehen, das Absolute im Relativen. Das ist der Glaube. Er übersteigt den Menschen. Er ist reine Gnade.

Heute Christ sein, heute den Glauben haben heißt nicht, den historischen Jesus als Sohn Gottes bezeugen. Wenn man jemanden fragt: „Glaubst du daran, daß Jesus der Sohn Gottes ist?" hört man oft als Antwort: „Gewiß glaube ich daran, ich habe damit kein Problem." Das ist auch kein Problem. Schließlich sagen alle, daß er der Sohn Gottes ist: der Papst, die Bischöfe, die Kardinäle. Aber wenn ich denen nachplappere – bin ich damit schon ein Christ? Nein. Der Christus, der Sohn Gottes, der vor 2000 Jahren gelebt hat, der stört niemanden. An den zu glauben ist leicht. Aber der Glaube an den Christus von heute ist der Glaube an Christus im Menschen von heute, in dem Menschen, dem ich begegne, im Allernächsten, im Fremden von der Straße, im Obdachlosen, der bei der Caritas an die Tür klopft. Das ist mein aktueller Glaube an den Sohn Gottes, und nicht der andere, retrospektive. Wenn ich in diesem Menschen Christus entdecke, den Sohn des lebendigen Gottes – nicht des historischen, sondern des lebendigen –, hier, vor mir, mit seinen Augen, in seiner unglücklichen und elenden Erscheinung, mit seinen großen Problemen – das ist der wahre Glaube an Jesus! Wir glauben an einen Jesus der Archäologie, den wir mühsam ständig wieder ausgraben. Wenn aber der Glaube an Jesus nicht dem Hier und Jetzt entstammt, ist er kein Glaube an Jesus.

Der Glaube ist ein Mysterium der Gegenwart, er ist ein Akt, den ich jetzt, heute setze, hic et nunc. Das ist es! Es gibt eine Flucht in den Glauben, eine Flucht in die Vergangenheit, in die

Geschichte, in den Raum, in die Zeit. Man holt Jesus vor 2000 Jahren ein. „Jesus, ich glaube an dich!" „Nein!" „Ich bin bei euch alle Tage bis zum Ende der Welt." Den Glauben aktualisieren! Und wenn viele sagen, sie haben den Glauben verloren, dann heißt das nur, daß sie den falschen Glauben verloren haben, den Glauben, der gar kein Glaube war. Deshalb gehen mir die feierlichen Kreuzwege von anno dazumal nicht ab. Ich finde, der Mensch von heute, der Christus nicht länger im Gekreuzigten von Grünewald auffinden kann, sehr wohl aber in einem Foto aus dem Sudan, ist christlicher als jener, der früher vor einem Jesusbild in Tränen ausbrach – so ernst er es auch meinte.

Die Inkarnation ist die Identifikation Gottes mit dem Menschen. Ich bin du, ich bin der Mensch, ich bin der Menschensohn. Hinter jedem Menschen steht Gott, in seiner ganzen Majestät, in seiner Allmacht, und sagt: „Ich bin dieser Mensch, ich bin es! Wenn du ein Haar an seinem Kopf berührst, berührst du mich. Wenn du sein Herz verletzt, verletzt du mich. Wenn du ihm zulächelst, erreichst du mich. Wenn du ihn aufnimmst, nimmst du mich auf." Gott steht hinter jedem Menschen. Er spricht zu mir: „Achtung, ich bin es. Wahrhaftig, ich bin es. Ich bin hungrig, und du gibst mir zu essen." Er ist es! „Ich bin durstig, und du gibst mir zu trinken." Er ist es! „Du hast mich besucht, du hast mich angerufen, als ich krank und allein zu Hause war. Du bist mich besuchen gekommen, ich bin es!" Das ist der Glaube, der Glaube der Caritas, die mystische Sicht unseres Handelns bei der Caritas, ohne die unser Handeln in Bürokratie und Administration abrutscht.

Ich möchte Ihnen einen islamischen Text vorlesen, der unmittelbar vom Evangelium inspiriert ist; es ist sehr interessant zu sehen, wie im „Hadith" (einer Schrift, die dem Propheten Mohammed zugeschrieben wird) das Evangelium enthalten ist.

Abu Hurayra (auf daß Gott mit ihm zufrieden sei) hat berichtet, daß der Bote Gottes (auf daß die Segnungen und der Friede Gottes auf ihm ruhen) gesagt hat:
„Am Tage der Auferstehung wird Gott sprechen:
„Oh Sohn des Adam! Ich bin krank darnieder gelegen und du hast mich nicht besucht!" Er wird sagen:
„Oh mein Gott! Wie hätte ich Dich besuchen können, wo Du der Herr der Welten bist?"
Er wird sagen:
„Hast du nicht begriffen, daß Adams Diener krank darnieder gelegen ist, ohne daß du ihm einen Besuch gemacht hast? Hast du nicht gewußt, daß du mich bei ihm gefunden hättest? Oh Sohn des Adam! Ich habe dich gebeten mir zu essen zu geben, und du hast mir nichts gebracht!"
Er wird sagen:
„Oh mein Gott, wie hätte ich Dich speisen können, wo Du der Herr der Welten bist?"
Gott wird sagen:
„Weißt du nicht, daß Adams Diener dich gebeten hat, ihm zu essen zu geben, und daß du ihn nicht gespeist hast? Hast du nicht gewußt, daß du ihn gewiß bei Mir gefunden hättest, wenn du ihn gespeist hättest? Oh Sohn des Adam! Ich habe dich gebeten mir zu trinken zu geben, und du hast mir nichts gegeben!"*
Er wird sagen:
„Oh mein Gott! Wie hätte ich Dir zu trinken geben können, wo Du der Herr der Welten bist?"
Gott wird sagen:
„Adams Diener hat dich gebeten, ihm zu trinken zu geben, und du hast ihm nichts gegeben. Wenn du ihm zu trinken gegeben hättest, hättest du ihn gewiß bei Mir gefunden!"*

Anmerkung:
* Der Lohn dafür, daß er ihn beköstigt hat."
(Heiliges Hadith, berichtet von Mouslim)

Sehen Sie, wie dieser Text den Geist des Evangeliums widerspiegelt! Gott ist im Menschen in Bereitschaft; in gewisser Hinsicht ist die christliche Botschaft ein Schrei Gottes, durch die Vermittlung des Menschen, der lebt: „Hilf mir, liebe mich, ich bin im Menschen und muß geboren werden, ich harre der Offenbarung." Die eigentliche Offenbarung Gottes ist jene, die sich gerade in der Geschichte realisiert, wo langsam Gott, der im Innersten der Materie verborgen ist, im Innersten des Lebens, im Innersten des Menschen, im Innersten der Menschheit, wo dieser Gott im Werden ist und der Offenbarung harrt. Der verborgene Gott will sichtbar werden. Die Geschichte ist eine fortschreitende Offenbarung Gottes. Jedes Mal, wenn wir in einem Blick ein Licht anzünden, wird Gott geboren. Jedes Mal, wenn wir auf einem Gesicht ein Lächeln hervorzaubern, wird Gott geboren, ist Gott im Werden, offenbart sich Gott. Jedes Mal, wenn der Mensch ein wenig mehr zum Menschen wird, wird Christus geboren, wiedergeboren, erscheint er neu und offenbart sich uns. Jedes Mal wenn ich durch mein Handeln etwas zu dieser Offenbarung Gottes beitragen kann, ist das um vieles wichtiger, als Bibeltexte zu zitieren. Der Mensch ist die lebendige Bibel, die lebendige Gegenwart, die lebendige Offenbarung.

Was der Mensch am meisten braucht, mehr als Brot oder Geld, ist Anerkennung, Achtung und Ansehen. Darauf müssen wir sehr sorgsam achten. Unser Handeln bei der Caritas – ich spreche nicht von der Caritas-Innsbruck, ich spreche von der Caritas-Ägypten – wird manchmal zum bloßen Verwaltungsakt. Caritas bedeutet aber Aufmerksamkeit für den Menschen, Respekt vor dem Menschen. Vor dem Menschen, der in seiner Menschenwürde anerkannt sein will; niemand von uns möchte so behandelt werden, wie wir selbst leider bestimmte Personen behandeln. Wir müssen bei der karitativen und sozialen Arbeit sehr viel Feingefühl entwickeln. Wenn uns das gelingt, stehen wir Christus in seinem

Werden, in seiner Offenbarung tatsächlich bei. Wir helfen dem Menschen, seine volle Menschlichkeit zu erlangen und zu verwirklichen. Hier haben wir eine wichtige Rolle zu spielen.

Ich möchte mit einer Meditation schließen, die uns erlaubt, unsere Reflexionen ein wenig zu verinnerlichen.

IN ERWARTUNG

*Jesus, Du hast niemals aufgehört, geboren zu werden,
und solang der Mensch nicht seine Vollgestalt
in seiner ganzen Würde angenommen hat,
wirst Du auf Deine Geburt warten müssen.
Deine Geburt in Betlehem war ein Beginn,
ein Anfang, eine Morgenröte,
denn Deine Geburt ereignet sich täglich
in dem Menschen,
der die Offenbarung Deines Wesens herbeisehnt.
Täglich wirst Du geboren, täglich wirst Du mehr,
täglich wächst Du, täglich offenbarst Du Dich.
Und wie Du Maria gebraucht hast,
um Fleisch anzunehmen
und in dieser Welt geboren zu werden,
so brauchst Du uns,
denn auch wir sind Maria.
Deine Kirche ist stets
als neue Maria erkannt worden,
jene, aus der Jesus geboren wird.
So ohnmächtig wie das Kind von Betlehem
bist Du heute im notleidenden Menschen verborgen,
allein, verlassen, entmutigt,
und ich bin es,
durch den Du wiedergeboren werden möchtest,
durch den Du Hoffnung findest.
Danke, Herr, dafür, daß Du mich brauchst,
danke, Herr, daß Du mit mir rechnest,
laß mich treu zu jener Aufgabe stehen,
die Du mir anvertraust,
und gib mir Deinen Geist, um sie zu leben
nach Deinem Sinn.*

Amen.

DISKUSSION

FRAGE 1: Immer mehr Bettler sprechen uns heute auch in Europa auf der Straße an. Wie soll man auf sie reagieren?

BOULAD: Was ich Ihnen heute gesagt habe, soll Sie nicht zur Naivität verleiten. Es gibt echte Bettler, und es gibt falsche. Es gibt Menschen, die bedürftig sind, und welche, die es nicht sind. Oft strecken gerade jene, die wirklich notleiden, die Hand nicht aus. Das sind die versteckten Bettler, die verschämten, verwundeten Armen, wie man sagt. Wir sollten uns keine falschen Schuldgefühle aufladen, wenn jemand an unsere Tür klopft und wir ihn an die Caritas weiterverweisen. Bei der Caritas-Ägypten durchläuft jede Hilfeleistung eine Überprüfung. Wir haben eigene Sozialarbeiter, die diese Aktion durchführen, die Besuche machen, die sich umhören, die sich vergewissern, und wenn die Person bedürftig ist, wird ihr geholfen. Spontaneität ist nicht immer die beste Einstellung, weil das Geld auch an seinen richtigen Platz gelangen soll. Wir verfügen nicht über Milliarden, wir haben das Geld nur für die wirklich Armen. Die Nächstenliebe soll uns nicht davon abhalten, mit Grütze im Kopf zu handeln.

Es gibt Berufsbettler, die von einem Kloster zum andern marschieren und fleißig, von Kirche zu Kirche, und die es mit außergewöhnlicher Kunstfertigkeit verstehen, die Herzen zu erweichen. Auch in diesem Fall, meine ich, sollten wir uns nicht über den Tisch ziehen lassen. Entweder Sie können sich selbst ein Urteil bilden oder verfügen in Ihrem Konvent oder Haus über speziell ausgebildete Leute, die das für Sie tun. Ich denke, wir müssen unsere Hilfeleistung professionell gestalten, ohne sie deswegen zu enthumanisieren. Wir brauchen den menschlichen Aspekt, von dem ich gesprochen habe, aber wir müssen auch die Überprüfung akzeptieren. Ich bin dagegen, die Taschen bei jeder beliebigen Anfrage zu entleeren. Das sieht zwar sehr evangeliumsgemäß aus, aber die Spender, die uns für die Caritas die Gelder bereitstellen, tun das, weil sie wissen, daß wir es mit Bedacht und Unterscheidung verwenden. Daher würde ich sagen, wenn jemand Undurchsichtiger zu Ihnen kommt, schicken Sie ihn zur Caritas und geben Sie das Geld, das Sie ihm gegeben hätten, der Caritas, damit deren Mitarbeiter mit Sachverstand darüber verfügen können. Der Rat Jesu hieß:

„Seid klug wie die Schlangen und arglos wie die Tauben."

(Mt 10,16)

Wenn Sie nur klug wie die Schlangen sind, handeln Sie nicht im Geiste des Evangeliums. Wenn Sie nur einfach wie die Tauben sind, können Sie sich nicht auf den Geist Christi berufen. Beides, Klugheit und Arglosigkeit, gehört zusammen.

FRAGE 2: Was ist der Unterschied zwischen der katholischen Caritas und den anderen sozialen Institutionen, die ebenfalls sehr gut arbeiten?

BOULAD: Wir bemühen uns bei der Caritas, unserem Handeln eine spirituelle Dimension zu geben, und deshalb setzt sich der Mitarbeiterstab der Caritas – auch wenn wir für alle da sind und die Mehrheit unserer Nutznießer, 90 Prozent, Moslems sind – aus Christen zusammen, denn unsere Inspiration ist das Evangelium. Einige Moslems haben uns vorgehalten, daß wir unter die Angestellten der Caritas keine Moslems aufnehmen. Es gibt moslemische ehrenamtliche Mitarbeiter, aber der Stab, der zentrale Kern der Caritas, ist ein christlicher Kern, weil wir am Ausgangspunkt des Evangeliums festhalten. Auf Ihre Frage antwortet Ihnen am besten der Präsident des Päpstlichen Rates „Cor unum", der auch kirchliche Entwicklungshilfe koordiniert. Ich lese seine Definition, die geistige Caritas-Arbeit betreffend:

„Die Kirche ist keine philanthropische Institution. Immanenter Aktionismus oder einseitiges Setzen auf politische Mechanismen sind ihr untersagt. Wer sie nur als eine Art „Rotes Kreuz", geschmückt mit religiösen Adjektiven und mit verläßlichem Funktionssystem in allen Regionen der Erde, verstände, der übersähe das Entscheidende. Die Kirche verkündet den auferstandenen Herrn, der uns sein unzerstörbares Leben schenkt, ein Leben, das Zeit, Geschichte und irdisches Elend hinter sich läßt.

Wehe einer Kirche, die ausschließlich oder auch nur vorwiegend innerweltlichen Zielen nachgeht. Darum besteht das Kunststück kirchlicher Caritas darin, Glaube und Werke, soziales Tun und Apostolat zusammenzuhalten."

(Erzbischof Paul Josef Cordes)

Derzeit ist es schwer zu sagen, ob unser Geist bei der Caritas besser ist als der anderswo. Ich weiß es nicht. Jedenfalls versuche ich diesen Geist am Leben zu erhalten, aber ich denke, daß es auch in anderen Vereinigungen eine tiefe humanitäre Inspiration gibt. Vergleiche sind hier schwer zu treffen.

FRAGE 3: Bitte um einige Details über die Arbeit der Caritas-Ägypten. Besteht eine moslemische Parallelorganisation und wird mit dieser zusammengearbeitet?

BOULAD: Es wird eine Graphik ausgeteilt, die die Vielzahl der Aktivitäten der Caritas Ägypten in Rosettenform aufzeigt, einschließlich unserer Philosophie.

CARITAS ÄGYPTEN

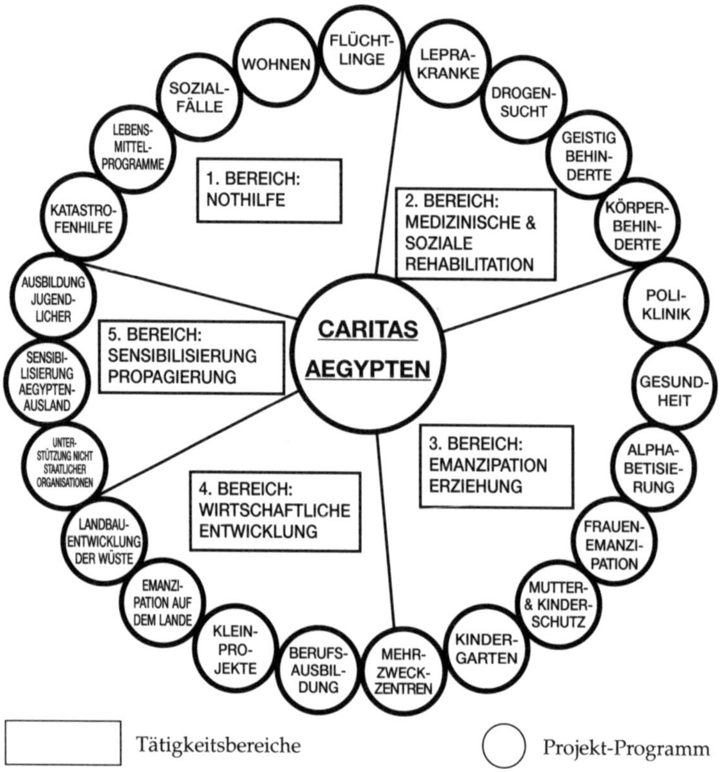

Was die zweite Frage betrifft, so sind die moslemischen Fundamentalisten in der Sozialhilfe derzeit überaus aktiv, weil sie zeigen wollen, daß sie auf die Probleme der Gesellschaft eine Antwort haben, auf dem Gebiet der Arbeitsbeschaffung, der medizinischen Versorgung, im Wohnungswesen usw. Damit wollen sie sich ihren Weg bahnen, sich Glaubwürdigkeit verschaffen und den Durchbruch ins Innere der gesamten Gesellschaft erzielen. Das ist derzeit eine ihrer Taktiken. Ich denke wieder an den Sudan, wo jegliche internationale Hilfe von einer islamischen Organisation monopolisiert ist, die man die „Islamische Propaganda fidei" nennen könnte und die die internationalen Hilfsgüter verteilt, die oft gerade von den Kirchen kommen. Da unten spielen sich schreckliche Dinge ab, die Ernährung ist im Sudan zu einer Waffe für die Ausbreitung des Islam geworden. In Ägypten gibt es das in abgeschwächter Form auch, aber da das Spektrum der Agenturen und Organisationen ungleich breiter ist, ist der psychologische und faktische Druck nicht so stark spürbar.

FRAGE 4: Ägypten hat eine der höchsten Geburtenziffern der Welt. Was ist Ihre Ansicht diesbezüglich?

BOULAD: Nein, Ägypten hat nicht die höchste Geburtenrate der Welt. In mancher Hinsicht haben wir sogar eine der niedrigsten Geburtenraten in der Dritten Welt, sie bewegt sich derzeit um die 2,3 Prozent (gegenüber 6 Prozent etwa in Kenya oder Kuwait). Aber natürlich haben wir ein reales demographisches Problem, denn auch diese relativ niedrige Rate bewirkt, daß wir in Ägpyten jeden Tag 4000 bis 5000 zusätzliche Einwohner haben. Wieviele Menschen sind Sie hier in Innsbruck? 110.000. Gut. Das heißt, jeden Monat müßten wir in Ägypten eine Stadt in der Größe von Innsbruck bauen! Also müßten wir jedes Jahr zwölf Innsbrucks bauen. Und jedes Jahr zwölf Innsbrucks zusätzlich ernähren! Das heißt soviele Schulen, soviele Spitäler, soviele Häuser, soviele Straßen, alles das zwölf Mal pro Jahr. Das demographische Problem spielt, auch wenn es sich derzeit abzuschwächen scheint, in Ägypten eine tragische Rolle; es ist eine der Herausforderungen, der wir uns bei der Caritas Ägypten stellen müssen.

FRAGE 5: Welche Rolle spielt die Caritas bei diesen allgemeinen Strukturfragen des Landes?

BOULAD: Alles, was Infrastruktur ist, geht an uns völlig vorbei. Das setzt enorme Geldmittel voraus, über die wir nicht verfügen. Derzeit haben wir bei der Caritas ein Personal von ungefähr 1000 Mitarbeitern, 400 Voll- und der Rest Teilzeitbeschäftigte. Unser Handlungsradius erfaßt ungefähr eine halbe Million Ägypter, in den verschiedenen genannten Sektoren. Und unser Budget ist im Verhältnis zu unseren Aufgaben ein Tropfen auf den heißen Stein. Unser Prinzip lautet „Ein Maximum an Wirkung mit einem Minimum an Geld". Wir bemühen uns, die Geldmittel maximal auszunützen. Wenn Sie wollen: Unser Jahresbudget beträgt 20 Millionen Schilling, was für eine so weitgespannte Tätigkeit wie die unsere nicht gerade viel ist. Mit einem solchen Budget sind wir natürlich nicht imstande, Struktur- oder Infrastrukturprobleme anzugehen. Aber wir verfolgen eine Politik, die ich die Politik vom „Floh und dem Elefanten" nenne, wir versuchen mit geringen Mitteln (ein Flohbiß ins Ohr) die Elefanten in Trab zu setzen, als da sind die Regierung, die UNESCO, die UNICEF, die Weltgesundheitsorganisation, andere Zusammenschlüsse wie die Weltbank usw. Die Elefanten in Trab zu setzen mit dem geringen Aufwand, das heißt auf den Multiplikatoreffekt zu hoffen.

Ich möchte aber zwei Dinge hinzufügen, was die Caritas Innsbruck anbelangt. Es sind zwei wichtige Problemfelder zu bedenken. Nummer eins: Inwiefern können Sie auf die Medien, auf die öffentliche Meinung, auf die Strukturen einwirken? Denn wir sind ein Floh, und vielleicht sind Sie ein weiterer Floh, vielleicht ein bißchen fetter als wir, das weiß ich nicht. Aber welche Elefanten können auch Sie in Bewegung bringen? Ich halte im Augenblick viel vom Lobbying, von der Medienarbeit. Denken Sie für sich nach, welchen Aktionstyp Sie auf diesem Gebiet anwenden könnten!

Nummer zwei: Das Problem des Fundamentalismus ist ein ernstes, ein sehr ernstes Problem. Wie kann man ihm begegnen? Nicht nur dem Fundamentalismus in Ägypten und in der arabischen Welt, sondern auch dem Fundamentalismus in Europa, bei Ihnen in Österreich. Wie können Sie als Caritasmitarbeiter dem begegnen, ohne ein Problem des Rassismus zu schaffen, aber auch ohne in Naivität zu verfallen? Keine leichte Aufgabe! Hier heißt es klug handeln. Wie kann man sich dem Problem des Fundamentalismus stellen, ohne neonazistische Reaktionen hervorzurufen? Mit anderen Worten, wie kann man links sein, ohne rechts zu sein, und rechts, ohne links zu sein? Wie kann man einen Mittelweg finden, der über das Problem in nicht manichäischer Art reflektiert? Ich meine, Europa hat eine allzu einfache Sicht der ganzen Problematik: Wenn man nicht rechts steht, steht man links. Wenn man nicht links steht, steht man rechts. Wenn man keine Türkenhäuser anzündet, baut man den Türken gleich eine tolle Moschee. Nein! So einfach ist das alles nicht. Ich fordere Sie auf, darüber sehr gründlich nachzudenken und gut zu differenzieren, denn gewiß kann sich die Caritas auch hier engagieren.

Ich schließe mit einem anonymen Text, der uns ermuntern soll, jetzt auch wirklich etwas zu tun.

GOTT ALLEIN

Gott allein kann den Glauben schenken,
aber du kannst dein Glaubenszeugnis ablegen.

Gott allein kann die Hoffnung schenken,
aber du kannst deinen Brüdern Vertrauen entgegenbringen.

Gott allein kann die Liebe schenken,
aber du kannst den andern in der Liebe unterweisen.

Gott allein kann den Frieden schenken,
aber du kannst Einheit säen.

Gott allein kann die Kraft schenken,
aber du kannst einen Entmutigten stützen.

Gott allein ist der Weg,
aber du kannst ihn den anderen weisen.

Gott allein ist das Licht,
aber du kannst es in den andern zum Leuchten bringen.

Gott allein ist das Leben,
aber du kannst den andern die Lebenslust schenken.

Gott allein macht das Unmögliche wahr,
aber du kannst das Mögliche tun.

Gott allein genügt sich selbst,
trotzdem möchte er mit dir rechnen können.

DEN MENSCHEN WEITERBRINGEN

Vortrag „Plädoyer für eine andere Art der Nächstenliebe – Mystik und soziales Engagement", gehalten im Katholischen Bildungshaus in Batschuns (Vorarlberg) vor Mitarbeiterinnen und Mitarbeitern der Caritas der Diözese Feldkirch am 20. Juli 1994

Ich schätze mich glücklich, heute morgen unter Ihnen sein zu dürfen und eine Brücke zu schlagen zwischen Afrika und Europa, zwischen Ägypten und Österreich, mit Brüdern und Schwestern, die bei der Caritas arbeiten. Gemeinsam wollen wir die Beziehung zwischen Mystik und christlicher Nächstenliebe erörtern und die Konturen einer anderen Art von Nächstenliebe aufspüren.

Ich komme aus einem Land, in dem die Mehrheit der Bevölkerung moslimisch ist, und ausgehend von diesem Umfeld möchte ich aufzeigen, worin das Handeln der Caritas sich grundsätzlich von anderen Aktivitäten unterscheidet, selbst dann, wenn es sich um dieselbe Sozialarbeit handelt: Was ist der Kern unserer Vision vom sozialen Engagement, was resultiert aus der Tatsache, daß wir Christen sind?

Ich meine, es geht hier um eine bestimmte Sicht des Menschen.Für uns Christen ist der Mensch nicht nur „Gottes Geschöpf", ist der Mensch nicht bloß „Gottes Sklave", wie man auf arabisch sagt, sondern der Mensch ist „Gottessohn, Gottestochter"! Es ist die Sicht der Gotteskindschaft, die unserem Handeln seine Besonderheit verleiht.

Der Glaube an Jesus Christus ist nicht vordergründig „der Glaube an Jesus Christus"! Der Glaube an Jesus Christus ist ein Glaube, der durch die Person Jesus die Fülle Gottes aufdeckt, der in Jesus Fleisch angenommen hat. Die Fülle Gottes, das Mysterium Gottes ist allumfassend in diesem Menschen enthalten. Dieser Mensch ist eine Tür zu Gottes Unendlichkeit, zu Gottes Unbedingtheit. Und der Glaube ist die Fähigkeit, das Absolute Gottes in jenem Relativen aufzuspüren, das den Namen Jesus von Nazaret trägt. Es ist der Aufschrei des Petrus, als Jesus die Frage stellt:

„Für wen halten die Leute den Menschensohn?"
„Die einen für Johannes den Täufer, andere für Elija,
wieder andere für Jeremia oder sonst einen Propheten."
„Ihr aber, für wen haltet ihr mich?"
Und Petrus ergreift das Wort und sagt:
„Du bist der Messias, der Sohn des lebendigen Gottes!"
(Mt 16,13-16; Mk 8,27-29; Lk 9,18-20).

In einer Blitzerleuchtung hat Petrus in diesem gewöhnlichen Menschen Gott erkannt! Dieses „Ärgernis Gottes", in einem Menschen Gestalt anzunehmen, ist das Geheimnis des Christentums.

Diesen Glaubensakt, den Petrus gegenüber Jesus setzt, können wir im Hier und Jetzt nachvollziehen – nicht mit dem Galiläer Jesus von Nazaret von damals, sondern mit der aktuellen Inkarnation von Jesus, als da sind: mein Bruder, meine Schwester, der Mensch von heute. Dieser Blick, der die bloße Erscheinung hinter sich läßt und durch den Petrus die Fülle Gottes erkannt hat, ist heute auf den gewöhnlichen Menschen zu werfen; das ist recht eigentlich mit dem christlichen Glauben gemeint.

Und dieser Blick, den ich für den Menschen habe, dieser Glaube an den Menschen, offenbart ihm sein eigenes Wesen! Dieser Glaube, den ich an ihn habe, bringt in ihm zur Entfaltung, was in ihm verborgen liegt. Dieses goldene Körnchen Göttlichkeit, das in ihm versteckt ist, beginnt zu wachsen. Die Art, wie ich den Menschen betrachte, die Art, wie ich ihn ansehe, verleiht ihm Selbstvertrauen und erlaubt ihm, der zu werden, der er potentiell ist. – Mit anderen Worten: Bevor sie noch zu einem Handeln für den Menschen wird, ist unsere Nächstenliebe ein Glaube an den Menschen! Bevor sie noch zur Aktion wird, ist sie eine Zuversicht!

Häufig besteht unsere Nächstenliebe aus einer sozialen Handlung: Wir geben etwas her: Geld, Nahrungsmittel, Kleidungsstücke. Geben ist immer etwas Gutes, aber am schönsten ist es, einen Menschen sich selber geben zu lassen, ihm zu erlauben zu werden, was er in seiner Tiefendimension immer schon gewesen ist! Das ist die höchste Form der Nächstenliebe. Es ist nicht die „Nächstenliebe des Habens“, sondern die „Nächstenliebe des Seins“.

Dies bedeutet zweierlei: Zuerst einmal ist es Gott, der dem Menschen seine Menschenwürde verleiht. – Das Wort „Würde“ ist sehr wichtig. „Würde“ ist die Wertschätzung, die ein Mensch für sich selbst hat, die Anerkennung eines Werts, der nicht relativ ist. Den Menschen als etwas Absolutes anzusehen, wo doch Gott allein absolut ist, das heißt dem Menschen zu erlauben, sich über jenen Selbstzweifel zu erheben, der ihm im allgemeinen zueigen ist.

Wir müssen uns eingestehen, daß jeder von uns an sich zweifelt. In unserer Tiefe nagt eine Ungewißheit. Man glaubt nicht wirklich an sich selbst! Der Selbstzweifel ist eine der großen Krankheiten unserer Zeit. Und die größte Liebestat, die wir irgendjemandem erweisen können, ist, ihm sein Selbstvertrauen zu schenken, ihn als absolut einzigartiges Wesen auszuweisen. Die „Würde“ eines Menschen respektieren heißt den Menschen als einzigartiges Wesen behandeln und dadurch zum Leben erwecken. Der Blick des Wohlwollens, von dem ich spreche, verleiht dem Menschen das Gefühl für seine Würde und den Sinn des Lebens.

Punkt eins ist also dieses Gefühl für die Würde eines Menschen. Und Punkt zwei besteht darin, dem Menschen aufzuzeigen, daß er in sich selbst als Kind Gottes, als Abbild Gottes über unbegrenzte Möglichkeiten verfügt. – Noch einmal: Der Selbstzweifel bewirkt, daß der Mensch nur einen Bruchteil seiner Möglichkeiten entwickelt – weil er nicht weiß, was er als Schatz in seinem Inneren birgt.

Der ganze Mensch ist offen zur Unendlichkeit! Aber da er sich selbst so wenig kennt, hat er nur einen Bruchteil seines Ichs verwirklicht. – Man glaubt: Ich bin Henri Boulad und fühle mich als kleiner, begrenzter, beschränkter Dutzendmensch ... Und wenn jemand zu mir sagt: „Nein! Du bist einzigartig, du trägst in dir das Absolute, das Unendliche, deine Möglichkeiten sind unerschöpflich!", glaube ich es nicht. Man sagt mir: „Du bist eine Welt! Du bist ein Universum! Du bist ein Abgrund! Du bist ein Absolutes! Du bist Gott!" „Nein! Ich bin nur ein Winzling!" „Ja, du meinst, nur ein kleiner Mensch zu sein, aber dein Wesen öffnet sich! Hinter dir – steht Gott! In dir ist Gott als eine Kraft des Wachstums, der Entwicklung, des Vorwärtsdrangs."

Und unsere Aufgabe bei der Caritas ist noch vor allem Hergeben von irgendwelchen Gütern diese Offenbarung. Glaube ist Offenbarung! Offenbarung, Enthüllung, revelatio: „Velare" kommt von „velum", ein Tuch, das etwas bedeckt ... Re-velatio ist die Enthüllung: das Tuch wegziehen, enthüllen. Ich ent-hülle, ich ziehe das Tuch weg. Der Mensch weiß nicht, wer er ist. Der Mensch weiß nicht, was er ist! Christus kommt ihm zu sagen: „Du bist alles, du bist mein Sohn, meine Tochter, du bist mein Bruder, meine Schwester, du bist Gott, wir sind die göttliche Familie!" (Vgl. Röm 8,14-17; Gal 3,26f; 4,4-7)

Im Licht dieser Offenbarung beginnt der Mensch an sich selbst zu glauben. An Gott glauben und an sich selbst glauben ist ein und dasselbe. Wenn der Glaube an Gott nicht zugleich ein Glaube an mich selbst ist, habe ich keinen Glauben an Gott. Ein Glaube an Gott, der nur ein Gottesglaube ist, ist nicht der wahre Glaube. Glaube an Gott ist Glaube an Gott in meinem Innersten, in mir. Gott in uns! Gott in mir!

Gott ist in uns nicht in statischer Art und Weise. Gott ist in uns als eine dynamische Kraft. Gott ist keine Sache, Gott ist eine Energie in uns. Und der Glaube an Gott ist ein Glaube an sein Handeln und nicht einfach ein Glaube an seine Gegenwart. Seine Gegenwart ist eine dynamische Gegenwart, die vorwärts drängt. – Und die Ehre Gottes, von der man spricht, ist nicht bloß die Ehre von jemandem, der sich im Himmel befindet.

„Die Ehre Gottes ist der lebendige Mensch“,

sagt der heilige Irenäus von Lyon im 2./3. Jahrhundert (haer. IV, 20, 7). – Gott wird verherrlicht, wenn der Mensch zu jenem Projekt wird, das Gott von ihm erträumt hat.

Gott verherrlichen heißt nicht ihn von unten beweihräuchern. Gott braucht keinen Weihrauch. Gott ist Gott. Aber: Die Ehre Gottes besteht darin, daß wir zu jenem Projekt werden, das Gott sich vom Menschen erträumt hat. – Es ist so wie bei einer Mutter. Ihre Ehre besteht nicht darin, daß sie zu sich selber sagt: „Du bist gut.“ Nein! Vielmehr daß sie sich sagt: „Schau! Dieses Kind! Es ist großartig! Es ist mein Kind!“ Daß ihr Sohn, ihre Tochter es zu etwas bringt, das ist für die Eltern die wahre Freude, das ist ihre Ehre, ihr Ruhm. Und Gott wird in seinen eigenen Augen verherrlicht, wenn seine Kinder Fortschritte machen und gut heranreifen. (Vgl. Joh 15,8; 15,16)

Eine der großen Entdeckungen des 19. und des 20. Jahrhunderts ist der Gedanke der Evolution: Man hat erkannt, daß die von Gott geschaffene Welt nicht in der Gestalt geschaffen wurde, wie wir sie heute sehen, sondern in einer gewissen Zwanglosigkeit, und daß sie sich erst entwickelt hat. Gott hat ein Saatkorn ausgestreut, ein Korn des Lebens, ein Korn des Geistes, ein Korn der Menschheit im Herzen der Materie, und diese Materie trug in sich die gesamte Zukunft des Universums, die gesamte Zukunft der Menschheit.

Diese Vision der Evolution, der von Teilhard de Chardin entwickelt wurde, bedeutet, daß im Innern der Welt Möglichkeiten schlummern, die nur sehr langsam zu Tage treten. So wie das Leben im Innern der Materie verborgen war, so wie der Geist im Innern des Lebens verborgen war, so ist das Göttliche im Innern der Menschheit verborgen, sie ist wie ein Projekt, ein Projekt, das realisiert werden will. – Und die Evolution ist eben diese Fähigkeit zum Wachstum im Innern der Menschheit, im Innern des Universums bis hin zu dem, was man das „pleroma" nennt (von griechisch pléos = voll und róme = Kraft und Stärke), die Fülle, die Vollgestalt des Menschen, die Vollgestalt Christi.

Selbstverständlich glaubt der moderne Mensch an den Fortschritt. Aber häufig meint dieser Glaube nur den materiellen Fortschritt, den physischen, wissenschaftlichen. Man glaubt daran, daß es immer tollere Autos geben wird, immer perfektere Computer und immer vollkommenere Maschinen … Gut. – Aber Fortschritt ist nicht allein materieller Fortschritt!

Ist der Mensch imstande, immer mehr Mensch zu werden? Gibt es angesichts des wissenschaftlichen und technologischen Fortschritts auch einen moralischen? – Es bringt nichts, wenn die Maschinen immer leistungsfähiger werden und nicht zugleich der Mensch immer mehr zum Menschen wird! Der wahre Fortschritt ist ein menschlicher, moralischer, geistiger Fortschritt. Nur dieser verdient überhaupt den Namen Fortschritt! Und der Glaube ist ein Glaube an diesen Fortschritt des Menschen, an die Fähigkeit, sich selbst zu übersteigen, immer größer zu werden, riesengroß! Dem Menschen seine Größe sichtbar machen! Du bist groß! Unermeßlich groß!

Aus eben diesem Grund schlägt das Evangelium dem Menschen ein „unerreichbares" Ideal vor. – Im Islam sagt man: „Der Islam ist nicht die Religion der Schwierigkeit, sondern der Einfachheit." So hält es der Koran fest. – Das Evangelium hingegen ist eine Religion der Unmöglichkeit! Christus setzt sein Ideal sehr hoch an, sehr sehr hoch. – Wenn Sie sich das Evangelium hernehmen, werden Sie sagen: „Alles unmöglich!" Aber genau deshalb glaube ich an das Evangelium, weil dieses Ideal uns jeden Tag emporzieht, immer höher, immer höher reißen will! Weil Christus den Menschen achtet, weil Christus an den Menschen glaubt, sagt Er zu ihm: „Reiß dich zusammen und steig! Steig!" Wenn ich den Menschen gering achte, setze ich ihm ein erreichbares Ideal, das an ihm selbst Maß nimmt. Wenn ich aber an den Menschen glaube, was er werden kann und soll, ein „Übermensch", und die Menschheit eine „Übermenschheit": deshalb projiziert uns das Evangelium unendlich weit nach vorn!

Wenn Sie, als Eltern, Väter, Mütter, Ihre Kinder erziehen wollen, verlangen Sie von ihnen schwierige Dinge! Legen Sie ihnen unerreichbare Ideale vor! – Ein Kind erziehen, ein Kind „heraufziehen" heißt es recht eigentlich. – Führen Sie Ihr Kind bitte nicht den Weg des geringsten Widerstands, sondern den des größten! Genau das tut das Evangelium.

Sie kennen die Geschichte vom Berg Tabor (Mt 17,1-9; Mk 9,2-10; Lk 9,28-36): Plötzlich wird Jesus verklärt. Seine Gewänder werden weiß wie der Schnee, sein Gesicht strahlt auf wie die Sonne, er ist da in einem übernatürlichen Licht, in einem übermenschlichen Zustand. Die Apostel stürzen zu Boden, geblendet von dieser Offenbarung der göttlichen Herrlichkeit, und staunen: „Nicht möglich! Es ist Jesus! Derselbe, den wir gerade noch mit uns auf der Straße erlebt haben, zeigt sich uns in seiner Göttlichkeit!"

Die Verklärung von Tabor war kein physisches Phänomen, sondern eine innere Erfahrung der Apostel. Der gewöhnliche Jesus offenbart sich in einem Augenblick, den man Glaube, Glaubensakt, Glaubensblitz nennen kann, in seiner anderen Dimension! Es ist der Blick, der das Dahinterliegende bloßlegt. Und das Evangelium hat das übersetzt, mit einer richtigen Inszenierung, einer Dramatisierung ohnegleichen! Das Wesentliche besteht aber nicht in dieser äußerlichen Manifestation, das Wesentliche liegt in der Bekehrung des Blicks, der im Gewöhnlichen das Außergewöhnliche erblickt hat.

Dieser Blick der Verklärung, ist genau der, den wir auf den Jesus von heute werfen müssen, der mein Bruder ist, der meine Schwester ist, der der Mensch schlechthin ist! Auf dem Tabor haben die Apostel in diesem gewöhnlichen Jesus die Gegenwart Gottes erkannt, die sich nicht zwangsläufig durch all das zu erkennen gegeben hat, wovon das Evangelium spricht, weiße Gewänder, Licht usw. Das ist meine Interpretation; Sie sind nicht verpflichtet, ihr zu folgen.

Das ist doch interessant: Das war einmal Jesus von Nazaret – und zugleich der fleischgewordene Gott! – Der gewöhnliche Mensch – und zugleich Gott, der dahinter steht! Verklärung. Offenbarung. Epiphanie. Das Wort Epiphanie ist ein anderes Wort für Offenbarung (von griechisch phaíno – sich kundtun, zeigen; epipháneia = Erscheinung). Das Fest der Erscheinung des Herrn am 6. Januar erinnert an die Magier, die aus den vier Ecken der Erde herbeikamen, um sich vor diesem kleinen Kind auf den Boden zu werfen. Warum? Ein kleines Kind, in einer Krippe auf Stroh! Nichts Außergewöhnliches – aber der vom Glauben erleuchtete Blick hat in diesem Kind den Messias, den Sohn Gottes erkannt. Sie haben sich niedergekniet und ihn angebetet. Angebetet!

Fähig zu sein, Gott im Menschen anzubeten; diesen Blick der Magier oder der Hirten angesichts dieses kleinen Kinds zu haben, das in Windeln gewickelt in einer Krippe liegt, und zu sagen „Du bist Gott! Du bist der Sohn Gottes!“: das ist Epiphanie für uns. – Wir finden im Evangelium drei Augenblicke, in denen sich eine derartige Enthüllung ereignet: den Augenblick der Epiphanie mit den Sterndeutern, den Magiern (Mt 2,1-12); den Augenblick, da Petrus sagt: „Du bist der Messias, der Sohn des lebendigen Gottes!“ (Mt 16,13-17); und den Augenblick der Erscheinung auf dem Berg Tabor, der Verklärung (Mt 17,1-9; Mk 9,2-10; Lk 9,28-36).

Das sind, wenn Sie so wollen, im gewöhnlichen Lebensraster Jesu plötzliche Einbrüche, drei Löcher. – In unserem Alltagsleben ergeht es uns nicht anders: Wir sehen den gewöhnlichen Menschen, den ganz gewöhnlichen Menschen, und mit einem Schlag – wenn wir ihm nur gut in die Augen schauen – entdecken wir etwas anderes, da ist mehr! An der gewöhnlichen Realität hat sich nichts verändert, die Realität bleibt dieselbe. Aber unser Blick ist erleuchtet worden. Ein inneres Licht bewirkt, daß der Schleier im Nu zerreißt. Wir sehen alles!

Als Jesus Wunder wirkte, wie hat er das getan? Manchmal stellen wir uns vor, Jesus habe Wunder durch seine Macht gewirkt. – Ich glaube nicht, daß es sich so verhält. Jesus hat an den Glauben der Person appelliert. Die Person ist zu Boden geschmettert. Und Jesus sagt zu ihr: „Erhebe dich!“ Sie sagt: „Ich kann nicht. Ich bin zerstört!“ – „Erhebe dich! Geh!“ – Mit anderen Worten: Jesus spricht zu dem Menschen im Glauben an die göttliche Macht, die im Inneren dieses Menschen schlummert: „Erhebe dich! Geh!“ (Vgl. Mt 9,1-8; Mk 2,1-12; Lk 5,17-26)

Das heißt, der Mensch hatte in sich die Kraft, sich zu erheben und zu gehen. Er hat sie nur nicht gekannt, er hat nicht gewußt, daß er diese Kraft in sich trägt! Und der Glaube, der Glaube an den Menschen, führt das Wunder herbei. Die Macht geht nicht von Jesus auf ihn über, nein. Der Glaube offenbart dem Menschen seine eigene Macht, die als eine Energie in ihm verborgen ist, die Fähigkeit, sich aufzurichten und zu gehen. Wenn das kein Wunder ist! Es ist nicht ein äußerliches Wunder, sondern ein inneres.

Und von uns von der Caritas wird nicht nur gefordert, etwas zu geben, sondern vielmehr im Menschen diese Reaktion der Selbstförderung auszulösen, diese Auto-Promotion (von griechisch autós = selbst und lateinisch promovere = vorwärtsbewegen). Die wahre christliche Nächstenliebe besteht darin, den Menschen zu sich selbst zu führen, ihm seine Möglichkeiten und Fähigkeiten vor Augen zu halten; das Schlagwort „Hilfe zur Selbsthilfe" knüpft daran an. Deshalb wird derzeit in der Caritas gern von Promotion gesprochen. Promotion – das will heißen, dem Menschen zum aufrechten Gang zu verhelfen, dem Menschen beizustehen, sein Leben selbst in die Hand zu nehmen, ihm zu sagen: „Du bist fähig zu gehen, ohne fremde Hilfe!"

Konkret: Statt ihm monatlich 700 Schilling zu geben, ihm zu sagen: „Ich gebe dir 7.000 Schilling – aber führe ein eigenes Projekt durch! Bau dein Leben selbst auf! Dann kommst du allein weiter, ohne die Caritas." Dem Menschen helfen heißt nicht ihm Krücken zum Gehen schenken, sondern ihm sagen: „Ich mache dir neue Beine, keine Krücken. Dann wirst Du allein losmarschieren können, ohne mich." Das heißt, dem Menschen seine Menschenwürde geben.

Auf diese Art liebt Gott den Menschen. Gott liebt den Menschen, indem er ihn autonom macht. Gott ist für den Menschen keine Stützkrücke! Gott spricht zum Menschen:

„Ich habe dir die Kraft zum aufrechten Gang gegeben und ein starkes Rückgrat. In dir selbst liegen alle Möglichkeiten." Wie schön!

Wunder von Gott erwarten? ... Anstatt sie selber zu wirken? Christus hat an seinem Lebensende zu uns gesagt: „Wer an mich glaubt, wird die Werke, die ich vollbringe, auch vollbringen, und er wird noch größere vollbringen." (Joh 14,12) Aber wir glauben es nicht! Wir warten noch immer darauf, daß Gott Wunder wirkt. Gott ist aber in mir, Gott ist in uns! Die Kraft Gottes, die Macht Gottes ist nicht länger in Gott allein, sie ist in uns! Die Inkarnation, die Menschwerdung ist die Eruption Gottes in mir, mit ihrer ganzen Gewalt des Handelns und der Liebe.

Und daher geht Gottes Handeln durch meine Hände, meine Augen, mein Lächeln, mein Herz. Gott geht durch mich hindurch! Gott wird keine Wunder mehr wirken außer durch mich. Durch Sie! Durch uns! – Es hat keinen Sinn mehr, auf Wunder zu warten. Erinnern Sie sich: Im Augenblick der Himmelfahrt sehen die anwesenden Apostel dem zum Himmel aufsteigenden Jesus mit einem großen Bedauern nach. Da kommen zwei Engel herbei und sagen zu ihnen: „Was steht ihr da und starrt zum Himmel empor? Schaut nicht hinauf! Geht!" (Vgl. Apg 1,11) Wir sind immerfort versucht zu sagen, daß das Heil von oben kommt. Das Heil kommt von unten! Von mir, von Ihnen! Das eben heißt Glaube heute. – Der Glaube an Gott muß ein Glaube an den Menschen werden! Und an mich selbst.

Diesbezüglich glaube ich, daß der Religionsunterricht und die Exerzitien noch zu äußerlich, abstrakt, „spirituell" im negativen Sinn des Wortes sind. Die Menschwerdung hat noch nicht unsere Sicht des Menschen verändert. Ich glaube, die religiöse Unterweisung muß neu überdacht und sprachlich neu formuliert werden.

Und ist das Evangelium (griechisch eu = gut und angelion = Botschaft, Nachricht) für uns wirklich eine „Gute Nachricht"? Glaube ich tatsächlich daran, daß ich Sohn Gottes bin? ... Sohn oder Tochter Gottes? Das ist mehr als das Kind eines Staatschefs. – Viele sind beeindruckt, wenn ich ihnen erzähle: „Voriges Jahr habe ich in Österreich den Landwirtschaftsminister getroffen. Ich habe mit Jacques Delors korrespondiert." Oder: „Ich habe einen Brief von Boutros Ghali bekommen." – Aber wer ist schon Boutros Ghali? Und wer ist Präsident Clinton? Ich bin ein Sohn Gottes! Ich verfüge über eine Würde, die von Gott kommt. – Ich habe eine Dame in der Schweiz kennengelernt, die zu mir gesagt hat: „Das nächste Mal, wenn Sie nach Genf kommen, werden Sie mit dem Aga Khan speisen, eine wichtige Verbindung für Sie." Mit dem Oberhaupt der Ismaeliten... Aber wer ist schon der Aga Khan? – Wir sind noch nicht Christen, wir haben keine christliche Sicht des Menschen und seiner Würde. Wir haben noch eine Vorliebe für die Großen im Rampenlicht und die Reichen – und dann kommen vielleicht die Armen. – Der Arme wird auf einem Thron Platz nehmen. Und der Reiche muß ihn räumen. So tönt es im Magnifikat:

„Er stürzt die Mächtigen vom Thron
und erhöht die Niedrigen..." (Lk 1,52)

Dieses Wissen müssen wir in unserem Herzen ständig parat haben!

Eine Anmerkung, die von Ihnen gemacht wurde, lautet: „Mit den Menschen mitleben!" Oft verlangt es die Leute nicht so sehr nach Hilfe als nach Anerkennung. Mit jemandem leben, bei jemandem bleiben, mit jemandem zusammen essen! – Wir haben im Jesuitenkolleg in Kairo in armen Verhältnissen lebende Angestellte. Von Zeit zu Zeit unterstütze ich sie. Und manchmal sagen sie dann: „Komm zu uns nach Hause!" Ich habe nicht viel Zeit. Aber ich halte mich sehr gern bei den

Armen auf. Dann gehe ich also in die Armenviertel von Kairo mit ihren abstoßenden Gassen. Ich steige die dunklen Treppen hoch, um in die Wohnung zu gelangen. Ich setze mich auf die Erde, wie das bei ihnen eben so ist. Und dann laden sie mich zum Mahl ein. Sie bringen mir Brot und ein paar Eier und ein Püree aus Kichererbsen, und es wird gemeinsam aus derselben Schüssel gegessen. Ich habe das gern. – Für sie ist es noch wichtiger, daß Pater Boulad zu ihnen zum Essen kommt, als daß ihnen Pater Boulad Geld gibt. Denn für sie zählt: Ich war bei ihnen, habe ein paar Stunden wie sie gelebt. Ich habe mit ihnen gegessen anstatt mit dem Prinzen Sadruddin Aga Khan in seinem Schloß am Genfer See.

Wenn Christus zu uns gekommen ist, so weniger, um uns irgendetwas zu geben, als einfach mit uns zusammen zu sein. Gott mit uns: Immanuel (Jes 7,14). Gott mit uns! – Offenbarung heißt nicht: Gott kommt uns etwas zu geben, sondern Gott ist mit uns. Mit-sein. – Und eben aus diesem Grund hat jemand von Ihnen formuliert: „Mit den Menschen mitleben".

Sie sollten einmal im Jahr eine Woche wie ein Armer verbringen, wie ein Flüchtling, wie ein Obdachloser. Wissen Sie, was es heißt, ganz arm zu sein? Man weiß es nicht, wenn man es nicht am eigenen Leib erfahren hat. Den Blick lesen, mit dem der Arme uns betrachtet. – Ein Beispiel: Grenzübertritt von der Schweiz nach Österreich. Wenn Sie ein weißes Gesicht haben, winkt man Sie ohne Ausweisleistung durch. Wenn Ihr Gesicht dunkelhäutig ist, schaut man Sie genau an. Und wenn es tiefschwarz ist, heißt es: „Halt! Beiseite! Reisepaß!" – Sich darauf einlassen, einmal das traurige Spiel durchspielen, das darin besteht, nicht fraglos anerkannt zu sein, in die Haut dessen schlüpfen, der anders ist!

Mit den Leuten sprechen, sprechen und zuhören! Die Würde eines Menschen besteht darin, daß man auf ihn eingeht! – Das erinnert mich an einen Metro-Aufgang in Paris. Dort gibt es Immigranten, Inder oder Afrikaner, die Waren anbieten. Man kann an diesen armen Schluckern einfach vorbeigehen. Man kann eine Münze herausnehmen und hinlegen und weitergehen. – Da habe ich eine junge Frau beobachtet, die stehengeblieben ist und mit einem der Männer gesprochen hat. Ob sie ihm Geld gegeben hat, weiß ich nicht, aber sie hat mit ihm gesprochen: „Was treibst du? ... Wo kommst du her? ... Wieviel verdienst du?“ – Mit einem Schlag fühlte sich der Mann zum Menschen aufgewertet, als menschliches Wesen geschätzt! Und das war für ihn vielleicht wichtiger als ein Geldstück. Er fühlte sich als Mensch anerkannt. In meinem Buch „Jesus in diesen Tagen. Zwölf moderne Gleichnisse“ (3. Aufl. 1997) habe ich eines der Gleichnisse einem Ausländer in der Pariser Metro gewidmet (Kapitel: „Der Illegale“).

Jemand von Ihnen gab mir ein Beispiel: „Wir haben in unserem Haus in Dornbirn Fremde, Obdachlose aufgenommen und ihnen den Hausschlüssel übergeben.“ Das ist sehr schön: den Schlüssel des Hauses den Fremden in die Hand zu drücken und ihnen dadurch das Vertrauen auszusprechen. – Es ist mit einem Risiko verbunden, man ist das Risiko eingegangen. Aber es bedeutet, daß man die Fremden als Gleichgestellte behandelt. Der Vertrauenserweis enthält zugleich die Verpflichtung, das Vertrauen nicht zu mißbrauchen, sondern ihm im gleichen Ausmaß zu entsprechen. – Genauso handelt Gott: Indem er den Menschen erschafft und zu ihm sagt: „Ich vertraue dir die Schöpfung an, ich übergebe dir den Schlüssel der Welt“, hebt er uns auf seine Ebene. Den Schlüssel zur Welt haben jetzt wir! Er hat den Schlüssel uns anvertraut. Er sagt zu uns: „Die Welt ist dein. Sie ist nicht länger mein.“ (Siehe Gen 1,26-30; Ps 8,5-7) Es macht die Würde des Menschen aus, daß sich Gott in gewisser Weise aus der Welt zurückgezogen hat, indem er zum Menschen sprach: „Jetzt bist du der Verwalter! Du bist der Inhaber des Schlüsselbunds! Du bist der Verantwortliche!“ … Das stellt alles auf den Kopf!

Ich werde Ihnen ein Beispiel bringen: Vergangene Woche war ich auf einer Tour in Kanada bei einem ägyptischen Freund, ein Apotheker, der nach Ottawa ausgewandert ist. Seine Frau, die in Kairo erfolgreich in einer Bank gearbeitet hatte, träumt von Ägypten, sie hat Heimweh und will zurück. In Kanada findet sie keine Arbeit, sie ist unglücklich, hat eine Depression bekommen. – Die beiden Kinder, ein Bub und ein Mädchen, sind in Ottawa sehr gern. Sie wollen bleiben. Auch der Ehemann arbeitet fleißig und verdient gut. – Zwischen Mann und Frau gibt es Spannungen. Die Frau hat die Parole „Zurück nach Kairo!“ ausgegeben, und der Mann kontert mit einem strengen „Hiergeblieben“. Die Spannung zwischen Mann und Frau hat sich schließlich auf die Kinder übertragen, die spüren, daß es zwischen Papa und Mama nicht mehr stimmt.

Als ich am Abend ankam, hieß es gleich: „Wir müssen darüber reden.“ Und statt unter uns zu diskutieren, haben sich die Kinder an der Diskussion lebhaft beteiligt. Auch sie haben ihre Standpunkte dargelegt. Statt die Angelegenheit unter den Erwachsenen zu regeln, hat man die Kinder einbezogen. Elf Jahre, dreizehn Jahre alt, zwei Kinder! Ich fand das bemerkenswert. – Das genau heißt „die Würde anerkennen“: statt die Probleme der Leute von oben zu regeln, sie über ihre eigenen Probleme selbst zum Nachdenken zu bringen; sie anzuhalten, gemeinsam eine Lösung zu finden. Das ist auch ein bißchen der Weg der Caritas: dem Menschen nicht unter beide Arme zu greifen, sondern ihn dazu zu bringen, selbst aufzustehen.

DISKUSSION

FRAGE 1: „Kann ein Ungläubiger diese Dimension der Würde des Menschen lehren und leben?"

BOULAD: Die „Menschenrechte" sind historisch betrachtet eher das Ergebnis von Ereignissen außerhalb der Kirche als innerhalb der Kirche. Es waren die Ungläubigen, die im 18. Jahrhundert, im Zuge der Aufklärung und der Französischen Revolution, ja selbst des Atheismus, sich für die Anerkennung der Menschenrechte stark gemacht haben, während die damalige Kirche den Menschen unter Kuratel stellte und im Zustand der Infantilität hielt.

Mir fällt dazu eine Predigt von Bossuet ein (Jacques-Bénigne Bossuet; französischer Prälat, Schriftsteller und Prediger, 1627-1704), in der es hieß:

„Gott hat die Reichen reich und die Armen arm geschaffen.
Die Reichen schulden dem Herrn Dank für ihren Reichtum,
und die Armen sollen ihre schlechteren Lebensbedingungen
in Demut ertragen."

Eine Art Fatalismus!

Es hat jener Reaktion für die Erklärung der Menschenrechte, gegen die gestrenge Kirche, gegen den fernen Gott, gegen jegliche Unterwürfigkeit des Menschen unter sein Schicksal bedurft, damit sich schließlich die Kirche selbst der Problematik annahm und sich im Kampf für die Gerechtigkeit nun mehrfach engagierte. – Es war also eine Strömung, die zur Kirche parallel verlief, ja die sie irritiert hat, die aber zuletzt die Kirche aufgerüttelt und ihr die „Menschenrechte" ins Gewissen gerufen hat. – Seltsam, aber wahr.

Leider ist die sogenannte Amtskirche oft allzu fest mit einer bestimmten gesellschaftlichen Klasse verknüpft: mit der Klasse der Mächtigen, der Starken, der Reichen. Es gab und gibt leider noch immer eine Art Bündnis zwischen der Kirche und einer bestimmten sozialen Klasse. Und wenn sich Priester an der Seite der Armen engagieren, hört man aus dieser Ecke sogleich: „Achtung, das sind Marxisten." Denken Sie an Bischof Romero (Oscar Arnulfo Romero, Erzbischof von San Salvador, 1917–1980, ermordet während eines Gottesdienstes). Er hat von sich gesagt:

„Wenn ich vom Evangelium rede, sagt man, ich sei ein Gottesmann. Und wenn ich von den Armen rede, sagt man, ich sei ein Marxist."

Innerhalb der Kirche werden jene, die für die Armen Partei ergreifen, oft von der kirchlichen Intelligentsia zurückgewiesen. Weil man darin einen Stilbruch, eine Verurteilung des traditionellen Erscheinungsbilds der Kirche erblickt, einer Kirche der Mächtigen, mit der alles in Ordnung ist, einer Kirche auf Seiten der Reichen. Man sagt, die Kirche sei von den Reichen, mit den Reichen, für die Reichen. Es ist wahrlich nicht einfach! Denn stark ist auch die Sozialarbeit der Kirche.

FRAGE 2: Es heißt, die Caritas Ägypten sei auch in der Leprahilfe aktiv. Können Sie hierzu etwas erzählen?

BOULAD: Offiziell gibt es bei uns 100.000 Leprakranke, über die Dunkelziffer wird nur gemunkelt. Das ägyptische Lepraprogramm läuft seit 20 Jahren. Als die Caritas es übernahm, gab es nur acht, von der Regierung beauftragte Leprologen im Land, die meisten zogen es aber vor, sich einen schönen Lenz zu machen anstatt diese schauerlichen Wüstenbaracken zu besuchen. Heute haben wir 150 Leprologen und geschulte Fachkräfte im Einsatz. Die Aufgaben sind unendlich, und die Gelder, z. B. für Renovierungen und „menschlich" umgestaltete Leprosarien würden nur spärlich fließen, wenn wir nicht seit 20 Jahren ausländische Unterstützung von Lepra-Hilfsorganisationen erführen. Ich nenne nur eine, die großzügigste Spendenquelle, das DAHW (Deutsches Aussätzigen-Hilfswerk) in Würzburg, das uns insgesamt bereits Millionen-DM-Beträge zukommen ließ. In Dankbarkeit und Bewunderung nenne ich den Gründer des DAHW, Herrn Hermann Kober in Würzburg, ein wahrer „Lepra-Engel", der uns zum Freund wurde.

Für diese Ärmsten der Armen, diese Unglücklichsten der Unglücklichen, hat sich effektiv viel bei uns verändert. Allein durch regelmäßige, fachgerechte Behandlung und medikamentöse Versorgung, aber auch psychisch. Es waren die bewußt aus der Gesellschaft Verstoßenen und Vergessenen. Als wir sie zum ersten Mal besuchten, sagte die Stimme eines nasenlosen Wesens, das nur noch Rumpf und Kopf war: „Allah sei Dank! Ich bin seit 40 Jahren hier, niemals hat uns jemand besucht." Später bekam die Caritas Liebesbriefe aus diesen Baracken, und ich habe dort bunte Feste mit der alexandrinischen Jugend veranstaltet - 500 begeisterte Teilnehmer! Freude auf beiden Seiten. Gewinn auf beiden Seiten. Es ist mir wichtig, ganz junge Menschen, noch im Schüler-Alter, mit diesem Extrem-Leid zu konfrontieren und herauszufordern.

FRAGE 3: Was halten Sie von Papst Johannes Paul II. als dem Oberhaupt der Kirche angesichts der vielen Probleme, denen wir heute gegenüberstehen?

BOULAD: Wir haben seit zwei Jahrhunderten ausgezeichnete Päpste! Bedauerlicherweise war es vorher anders. Ich denke, es ist gut, daß es zwischen den Päpsten eine Dialektik gibt: fortschrittlicher Papst, traditionell orientierter Papst. Wir brauchen diese Dialektik: Der eine öffnet die Tore, der andere schließt sie wieder ein bißchen, weil es Durchzug gab, weil es schwierig ist. Wir machen eine schwierige Zeit durch. – Warum?

Vier Jahrhunderte lang hat sich die Kirche der Welt und den brennenden Fragen, die sich stellten, verschlossen: Verurteilung des Galilei, Verurteilung der Moderne, Verurteilung des Protestantismus, Verurteilung der Evolutionstheorie, Verurteilung des Modernismus, Verurteilung der historischen Kritik, usw. ... Verurteilung über Verurteilung... Und dann, urplötzlich, 1962 das Zweite Vatikanum! Die Tore aufgesprengt, alles auf Empfang ausgerichtet! Dieses Zweite Vatikanum mußte einfach kommen.

Jetzt versucht der gegenwärtige Papst einer sehr schwierigen Situation gerecht zu werden, zwischen einer sehr progressiven und einer sehr traditionalistischen Strömung, die auf die Kleinen und Schwachen Bedacht nimmt, eine Gratwanderung zu machen. Seine Situation ist höchst ungemütlich. – Ich bin voll Bewunderung für diesen Papst. Zugleich hätte ich aber gern, daß er in gewissen Fragen offener wäre. – Da habe ich Ihnen sehr jesuitisch geantwortet. (Gelächter)

FRAGE 4: Ist die Auferstehung Christi in Ihren Augen ein Wunder oder nicht?

BOULAD: Die Auferstehung Christi ist sowohl ein historisches Ereignis als auch ein transhistorisches, ein Ereignis jenseits zeitlicher Kategorien; sie ist beides. – Wäre die Auferstehung bloß ein historisches Phänomen, hätte sie nichts bewegt. Aber die Auferstehung Christi ist historisch und durchbricht doch den Kreislauf seines Lebens: Geburt, Nazaret, die Lehrjahre, das Kreuz, der Tod. Christus durchbricht diesen Kreis eines gewöhnlichen Menschenlebens und öffnet ihn. Eine Pforte öffnet sich ins Übermenschliche und Übergeschichtliche.

Manche möchten die Auferstehung einseitig als Phänomen jenseits der Geschichte hinstellen, andere als rein geschichtliches. Sie ist aber beides! Als geschichtliches berührt sie Christus. Stünde sie außerhalb der Geschichte, käme sie ohne den Menschen Jesus aus. Die Auferstehung ist beides: zeitlich und überzeitlich. Und genau das Gleichgewicht zwischen den beiden Phänomenen bewirkt, daß man auf dem rechten Weg ist.

Im Anschluß an den Vortrag legte Pater Boulad den Anwesenden der Caritas Feldkirch fünf Fragen vor, die als Anregung für Arbeitsgruppen gedacht werden können.

FRAGE 1:
Was bedeutet das Wort „Menschenwürde"?
Glauben Sie, daß es in unserer Zeit eine fortschreitende Entdeckung dieser Würde gegeben hat?

FRAGE 2:
Was bedeutet „Glaube an den Menschen" im Kontext unseres Wirkens bei der Caritas, und wie kann dieser gelebt werden?

FRAGE 3:
Welche Beziehung besteht zwischen Glaube und Nächstenliebe?
(Vgl. „Die gute Samariterin", Lk 10,25 -37)

FRAGE 4:
Hat die Allgemeine Erklärung der Menschenrechte einen Bezug zum Evangelium? Und zu unserer Caritas-Arbeit?

FRAGE 5:
Wie kann man dem Menschen von heute aufzeigen, daß er ein Gottessohn, eine Gottestochter ist?

DIE REALPRÄSENZ IN MEINEM NÄCHSTEN

Vortrag „Mystische Erfahrung und soziales Engagement", gehalten vor der Caritas und vor Ordensschwestern der Diözese Münster (Nordrhein-Westfalen) am 2. Mai 1996

Ich beginne unsere Begegnung mit einer Frage an Sie: Wissen Sie, warum die Dinosaurier von der Erdoberfläche verschwunden sind? (Gelächter) Einige behaupten, das sei geschehen, weil ein Meteor aus dem Weltraum gekommen und auf der Erde geborsten sei. Ich bin nicht dieser Meinung. Ich denke, die Dinosaurier sind verschwunden, weil sie einen gewaltigen Körper hatten, aber nur einen kleinen Kopf mit einem Gehirn so groß wie ein Golfball. Und die Gefahr einer jeden Institution besteht eben darin, einen riesigen Körper zu entwickeln und dabei zu vergessen, daß das Wesentliche in der Geistesarbeit besteht. Eine Organisation wie die Caritas schafft sich einen hochentwickelten Überbau, mit großartigen Finanzierungsmöglichkeiten, mit imponierenden Konstruktionen und Gebäuden, ein weitläufiges System, das an und für sich sehr wichtig, ja wesentlich ist. Aber von der Verwaltungsarbeit in Beschlag genommen läuft sie Gefahr, das zu vergessen, was in einem Körper eigentlich zählt, nämlich Geist und Seele.

Auch der Kommunismus ist nicht einem Angriff von außen erlegen, sondern einer Implosion, das heißt, daß das Problem in ihm selbst lag. Papst Johannes Paul II. hat „die vom Atheismus hervorgerufene geistige Leere" für den Zusammenbruch des Kommunismus verantwortlich gemacht. Geistige Leere nicht zu verwechseln mit intellektueller Kapazität, gemeint ist die Transzendenz, das über Welt und Menschsein Hinausragende, Hinausweisende. Wenn sich ein Körper in beträchtlichem Ausmaß entwickelt, dabei aber nicht auf den Geist und die Seele achtet, bricht er eines Tages in sich zusammen. Ich möchte dieses Schicksal gewiß nicht der Caritas vorhersagen, aber eine Warnung muß erlaubt sein.

Der große englische Historiker Arnold Toynbee (1889–1975) lehrt uns in seiner „Geschichte der Zivilisationen" („A Study of History"), daß die Mehrzahl der großen Zivilisationen, in Griechenland wie im Alten Orient, nicht äußeren Aggressionen oder einer Explosion zum Opfer gefallen seien, sondern einer Implosion, einem Mangel an Motivation, einem Defizit im Geistigen.

Wenn die Kirche nicht das Versprechen des Ewigen Lebens hätte, wäre ich auch bei ihr beunruhigt. Die Kirche ist der potenteste multinationale Konzern der Erde, und sie hat ein System entwickelt, das allgemein Bewunderung hervorruft. Woran es der Kirche aber heute mangelt, das ist ihre mystische Dimension. Eben deshalb wenden sich viele Christen Sekten zu, oder der Mystik des Fernen Ostens, oder dem Sufismus, weil sie in der Kirche nicht jenen Feueratem finden, der ihre Begeisterung entfachen könnte. Wir sollten diese Tendenz sehr ernstnehmen.

Manche sind davon überrascht, daß ich „Mystische Erfahrung und soziales Engagement" miteinander in Verbindung bringe. Mystik ist schließlich eine Sache und soziales Engagement eine andere. Besteht zwischen den beiden überhaupt ein Zusammenhang? Gegenfrage: Wird die Gottsuche denn nicht im menschlichen Engagement gelebt? Erlebt? Oder folgen wir der Auffassung von François Mauriac: „Ich engagiere mich hier unten für die Dinge da oben"? Alles steht und fällt mit dem Geist, den Sie eingeben.

Zwölf Jahre lang war ich Direktor der Caritas Ägypten, die in den 30 Jahren ihres Bestehens eine sehr große Ausweitung erfahren hat. Natürlich ist sie auch heute nicht dem Deutschen Caritasverband mit seinen 22 eigenständigen Diözesanverbänden und mit insgesamt 430.000 hauptamtlichen Mitarbeitern vergleichbar. Ich höre, daß die Caritas der größte private Arbeitgeber Deutschlands ist und mehr Vollbeschäftigte hat als Daimler Benz und Siemens zusammen. Welche Gesamtleistung hier vollbracht wird! Übrigens gab man mir von protestantischer Seite fast dieselbe Zahl, auch in der Evangelischen Diakonie arbeiten über 400.000 Hauptamtliche. Immerhin: Unsere ägyptische Caritas erreicht mit ihren derzeit 1200 Mitarbeitern eine halbe Million Menschen im Land, und unsere Struktur hat erstaunlich viele Bereiche erfaßt. Dennoch bleibt für mich das Wesentliche der Geist unserer Arbeit, der Impuls, den unsere Angestellten kontinuierlich erhalten.

Wenn Sie den Geist haben, folgt alles andere nach. Wenn Sie den Geist nicht haben, wird alles von innen zerfressen, wie von einem Krebs. Im Laufe der Jahre ist es mir zur Gewißheit geworden, daß das Problem der Caritas kein Finanzierungsproblem ist. Das Geld kommt immer irgendwie. Es ist auch nicht so sehr ein Problem der Organisation. Ich kenne sehr große internationale Organisationen, denen es weder an Finanzen mangelt noch an Managern, die aber innen nahezu hohl sind. Sie sind ein toll funktionierender Mechanismus ohne Vision, ohne Idee. Wenn aber der Geist nicht mit von der Partie ist, fehlt das Wesentliche. Ich weite das auf die Kirche aus und zitiere aus einem Vortrag von Bischof Jacques Gaillot über die europäische Kirche. Dieser Text könnte wortwörtlich bei der Caritas-Arbeit zur Anwendung gebracht werden:

„Ich sage mir oft, daß die Kirche Europas ihre Chance in der gegenwärtigen Welt nicht wahrzunehmen weiß. Sie ist doch längst an allen vier Enden der Welt präsent! Und sie bildet ein unglaubliches Netz von brüderlichen Beziehungen. Sie hat Redefreiheit, sie kann Appelle

lancieren, sie kann Stellung beziehen, sie kann etwas wagen. Warum aber nützt sie diese Freiheit nicht? (...) Warum intervenieren die Bischöfe nicht stärker bei den Regierungen ihrer Länder wie bei den Vereinten Nationen? Die Kirchen haben etwas zu sagen, denn die Botschaft des Evangeliums ist eine befreiende Botschaft!"

Von diesen Worten sollte sich die Caritas angesprochen fühlen. In ihrer weltweiten Ausbreitung als verbindendes Netz von Beziehungen ist die Caritas heute aufgerufen, eine mitbestimmende Rolle bei der Entwicklung der Dinge zu übernehmen. Doch aus Mangel an Vorstellungskraft, aus Mangel an Wagemut, aus Mangel an „strategischer Befähigung" schaffen wir nicht das, was wir schaffen sollten, erreichen wir bei den Entscheidungsträgern dieses Planeten nicht das, was wir erreichen sollten, erwirken wir bei den großen nationalen und internationalen Organisationen nicht das, was wir erwirken sollten.

Der Wille, dort präsent zu sein, wo die Entscheidungen erarbeitet werden, führt zum politischen Engagement. Aber in kaum einem der politischen Felder findet man die genaue Darlegung seines Wollens, seiner Bestrebungen, seiner Forderungen. Eigentlich versteht es sich von selbst, daß die Christen im Daseinskampf des Menschen nicht abseits stehen können. Die Politik, so wie sie sich in heutiger Zeit selbst darstellt, ist eine lebendige Notwendigkeit für unsere komplexen Gesellschaften geworden, wo der Schwache vielfach überhaupt nicht zählt.

Papst Pius XI. sagte bereits 1929:

„Die politische Nächstenliebe ist die größte, weil sie eine kollektive Nächstenliebe ist."

Und im Erwachsenenkatechismus der französischen Bischöfe ist zu lesen:

„Die Christen können die politische Realität nicht umgehen, weil die Politik dort aktiv ist, wo sich das Leben der Menschen abspielt, sie ist am Ort der menschlichen Gemeinschaft. In Zusammenarbeit mit allen Menschen guten Willens müssen sie das Leben der Städte mit dem evangelischen Ferment anreichern. Entsprechend ihrer Talente und ihrer bestimmten Berufungen sollen sie sich politisch betätigen."

Das Anliegen eines guten politischen Engagements besteht darin, daß der Mensch immer das Ziel sei und niemals der Zweck. Daß sich politisches Handeln menschlich gebärdet. Daß man das Gute im Menschen im Auge hat, den ganzen Menschen, alle Menschen und insbesondere die Armen und Ärmsten.

Als Johannes der Täufer seine Jünger aussandte, um Jesus zu fragen: „Bist du der, der kommen soll, oder müssen wir auf einen andern warten?" war seine Antwort:

„Geht und berichtet Johannes, was ihr hört und seht: Blinde sehen wieder, und Lahme gehen; Aussätzige werden rein, und Taube hören; Tote stehen auf, und den Armen wird das Evangelium verkündet." (Mt 11,2-5)

Das Zeichen des Gottesreiches, das Jesus angibt, vom Anbeginn seines öffentlichen Lebens, ist die Barmherzigkeit, der Dienst am Menschen. Der Mensch steht im Mittelpunkt seiner Botschaft. Das Christentum ist die Religion des Menschen, während der Islam und der Judaismus Religionen Gottes sind! Im Herzen der Botschaft Jesu befindet sich der Mensch, der Mensch als Ziel der Inkarnation und der Erlösung. Der Mensch als „Angelpunkt" des Reiches.

Der christliche Glaube besteht in der Entdeckung Gottes im Menschen. Der Ort der Welt, an dem Gott gegenwärtig ist, ist der Mensch. Der Mensch ist der Tempel Gottes, der Tempel des Geistes. Und wenn der Tempel in Jerusalem zerstört worden ist, so nicht, um durch andere Tempel aus Stein ersetzt zu werden, auch wenn sie Kirchen genannt werden. Der Tempel Gottes ist seitdem der Mensch.

Der heilige Johannes ersetzt die Eucharistie durch die Fußwaschung. Nicht, weil er eine Gedächtnislücke hat, nein, das ist voll beabsichtigt, um uns zu sagen: Die Eucharistie, die Realpräsenz, der Christusdienst ereignet sich am Menschen. Er macht uns wachsam gegenüber einer falschen Sakralisierung der Eucharistie. Ich bin nicht gegen die Eucharistiefeier, schließlich bin ich Priester – aber ich bin gegen eine Hypostasie, eine Verdinglichung und Abhebung der Eucharistie vom Alltagsleben, weil im Leben das wahre Meßopfer dargebracht wird, keines Menschen Tag vergeht ohne Opfer.

Wenn uns die Eucharistie nicht zum Menschen hinführt, hat sie ihren Sinn verfehlt. An Jesus glauben heißt die Absolutheit Gottes anerkennen, die Absolutheit des ewigen, unendlichen und allmächtigen Gottes, des Schöpfers, in einem Menschen, einem gewöhnlichen Menschen, der ißt und trinkt. Dieser Skandal, der sich zwischen Gott und einem Menschen ereignet, ist recht eigentlich der christliche Glaube. Daß sich Gott in einen Menschen einschließen konnte, daß sich die Unendlichkeit in einen Menschen einlassen konnte, ist das Problem, das wir mit dem Islam, mit unseren moslemischen Brüdern haben, die nicht zum Verständnis dieses Geheimnisses der Inkarnation vordringen, diesem Geheimnis Gottes im Fleisch, in einem lebendigen Menschen. Und doch ist dies die Mitte der Botschaft. Weil er unendliche Liebe ist, hat Gott Anteil an der Bedingtheit des Menschen, hat er sich in die Menschengestalt hineinbegeben und in ihr gelebt, um sie zu heiligen und um uns zu sagen, daß er, seit er Mensch geworden ist, nirgendwo sonst ist als eben im Menschen. Wenn wir Gott auffinden wollen, so nicht mehr in kosmischen Höhen, sondern im Menschen. Hinfort ist der Mensch das Sakrament der Gegenwart Gottes, der Tempel des Geistes, die wahre Eucharistie. „Ich bin bei euch alle Tage bis zum Ende der Welt." (Mt 28,20)

Vor einigen Jahren habe ich im Pariser Sportpalast, einem riesigen Oval, einer Theateraufführung beigewohnt. Ein gewisser Robert Hossein – ich weiß nicht, ob Christ oder Moslem – führte als Regisseur das Leben Jesu vor. Am Ende sieht man Jesus gekreuzigt, mit den beiden Schächern zur Linken und zur Rechten, und dann Jesus ins Grab gebettet, hinter dem Hügel. Man wartet auf die Auferstehung. Wird er lebendig dem Grab entsteigen? Nein! An Stelle der Auferstehung Jesu sehen wir, wie hinter dem Hügel Männer und Frauen hervorkommen, wie sie hinaufsteigen und sich in unserer Mitte niederlassen. Die Botschaft war klar: Als einzelner ist Jesus gestorben, aber als Gemeinschaft, als Menschenmenge ist er auferstanden. Der auferstandene Christus ist nicht mehr Jesus von Nazaret, sondern der mystische Christus, der Welt-Christus, der Menschheits-Christus. Er hat sich ausgedehnt in etwas Größeres, ansonsten hätte seine Fleischwerdung keinen Sinn und keine Bedeutung gehabt. Der heilige Paulus sagt sehr richtig:

> *„Auch wenn wir früher Christus nach menschlichen Maßstäben eingeschätzt haben, so schätzen wir ihn nicht mehr so ein."*
> (2 Kor 5,16b)

Die Gefahr besteht darin, über Christus historische Recherchen anzustellen, Christus im Vergangenen zu suchen, in den Evangelientexten. Der Christus der Evangelien, der Christus der Geschichte sagt uns gewissermaßen: „Ich bin nicht mehr hinter euch, sondern vor euch. Ich bin der, der da kommt. Und ich bin schon unter euch." Das ist die christliche Botschaft!

Und erst wenn wir sein Verhalten gegenüber Maria von Magdala betrachten! Maria von Magdala, die seine Füße umfangen hat, die seine Füße mit ihren Tränen benetzt hat: als sie ihm nach der Auferstehung begegnet, möchte sie ihn an sich ziehen und dieselbe Art der Beziehungen weiterführen. Darauf er:

> *„Halte mich nicht fest; denn ich bin noch nicht zum Vater hinaufgegangen. Geh aber zu meinen Brüdern …"* (Joh 20,17)

Das heißt: Versuche nicht, zu dem Typ von Beziehung zurückzukehren, das Alte ist vorbei. In Hinkunft findest du mich bei meinen Brüdern und Schwestern. Geh zu ihnen!

Jesus schickt uns hinaus in die Welt. Die Gefahr des Christentums besteht darin, zu einem Religionskonzept zu verarmen und zu vergessen, daß es in erster Linie ein Glaube ist. Religion, das ist ein Gehäuse, ein Überbau, das sind Riten, eine Liturgie, ein Dogma, eine Moral, eine Hierarchie, eine Organisation. Und darüber wird allzuleicht der Kern der Botschaft vergessen, die Qualität unserer menschlichen Beziehungen, die Güte unserer Beziehungen zueinander, zum Allernächsten.

Was ich hier vom Christentum sage, gilt auch vom geistlichen Leben. Das Ordensleben ist kein Selbstzweck. Die drei Ordensgelübde haben keinen Selbstzweck! Dieses ganze überaus komplizierte Gebäude des geistlichen Lebens ist seit dem Zweiten Vatikanum vielleicht weniger kompliziert, aber es ist noch immer kompliziert genug. Oft besteht eine Tendenz, aus ihm einen Endzweck zu machen. Es ist aber nur ein Mittel. Ein Mittel wozu? Im Christentum wie im geistlichen Leben gibt es nur ein einziges Ziel: die Nächstenliebe, die Liebe.

Das heißt, man kann die drei Gelübde – Armut, Keuschheit und Gehorsam – gewissenhaft beobachten; man kann getreulich die vorgeschriebene Ordnung einhalten – um fünf Uhr früh aufstehen, seine Gebete verrichten, gehorsam sein usw. Das alles ist gut und schön. Aber wenn das Ergebnis nicht eine ständig wachsende größere Liebe ist, nützt es gar nichts, dann ist das Ganze ein Witz, verzeihen Sie den Ausdruck.

Man muß diesbezüglich äußerst wachsam sein, denn die größte Gefahr im Ordensleben so wie ganz allgemein in der religiösen Praxis des Christen besteht darin, das Mittel zu heiligen und den Zweck zu vergessen. Jesus ist aber gekommen, um das Gesetz zu ent-heiligen und den Menschen zu heiligen. Der Kern seines Konflikts mit den Schriftgelehrten und Pharisäern liegt genau darin. „Ihr begreift nicht, daß das ganze Gesetz im Liebesgebot enthalten und damit überflüssig geworden ist, ihr versteht nicht, daß es eine einzige heilige Wirklichkeit gibt, nämlich den Menschen." Dafür wurde er ans Kreuz geschlagen. Ich habe den Eindruck, daß eine bestimmte Form des geistlichen Lebens demselben Irrtum verfallen ist und – sehr stark – Gefahr läuft zu sagen: „So ist alles in Ordnung." Wenn aber keine Liebe dabei ist, ist es ein Nichts, ein Schmarren! Lesen Sie nach beim heiligen Paulus, 1. Brief an die Korinther, Kapitel 13.

Die Frage, die Jesus dem Petrus gestellt hat: „Und ihr, für wen haltet ihr mich?", ist uns heute in bezug auf den Menschen gestellt. Sie ist uns gestellt angesichts des gewöhnlichen, kranken Menschen, des Sozialfalls, des Drogenabhängigen oder des Flüchtlings, der hier bei uns vor der Tür steht und uns fragt: „Und ihr, für wen haltet ihr mich?" Sie werden sich sagen: „Das ist ein Rumäne, das ist ein Kroate, das ist ein Serbe, das ist ein Türke." Nein: Es ist Jesus Christus, Sohn des lebendigen Gottes.

Der Glaube ist diese Fähigkeit, das Unsichtbare zu sehen, wie der heilige Paulus sagt. Glaube heißt imstande sein „durchzuschauen“. Der Gott der Christen ist ein verborgener Gott. Und je mehr er sich verbirgt, umso mehr ist er Gott. Die Offenbarung des Evangeliums ist gleichsam eine Antipodin der Offenbarung auf dem Sinai. Auf dem Sinai zittert der Berg, Blitze zucken, Donner rollen, man sagt: „Das ist Gott, klar! Das kann nur Gott sein!“ In Betlehem ist das Zeichen ein schwaches, armes kleines Kind, in Windeln gewickelt, in einer Krippe. Zeit seines Lebens ist Jesus ein Mensch, der keinen Stein hat, auf den er sein Haupt zur Ruhe legen kann. Das Zeichen am Karfreitag ist ein nackter Mensch, ans Kreuz genagelt. Man wartet auf andere Zeichen, aber Gott verbirgt sich in ihm. Der Glaube besteht darin, die Erscheinung zu durchdringen, die verborgene Gegenwart Gottes aufzudecken.

So leicht es ist, die verborgene Gegenwart Gottes in der Eucharistie zu bestätigen, so schwer ist es, sie im Nächsten auszumachen. Sie werden mir sagen: „Aber ja, wir wissen durchaus, daß Christus im andern gegenwärtig ist.“ Nun, theoretisch wissen wir es. Theoretisch! Aber der entscheidende Punkt ist doch, daß sich diese Erkenntnis im Verhalten niederschlägt! Die ganze Frage ist eine der Übersetzung des Glaubens in die Praxis. Daß sich unsere ganze Einstellung, unser Verhalten ändert! Häufig bekehren wir uns hier oben im Kopf. Unser Credo ist ein zerebrales Credo. Hat es in unsere Gesten, in unseren Blick, in unser Lachen Eingang gefunden? Diese Übertragung des Glaubens in die Praxis wird leider aufs Spiel gesetzt.

Wir müssen unseren Blick bekehren. Für diesen neuen Blick brauchen wir mehr und anderes als gesunde Augen oder gute Augengläser. Der Blick des Herzens besteht darin, ein Gesicht zu durchleuchten und tief in sein Inneres einzutauchen, um die Seele zu schauen. In einem Gesicht zu lesen braucht Zeit.

Jedes Gesicht ist außergewöhnlich, es gibt kein gewöhnliches Gesicht, kein Dutzendgesicht, denn jedes Gesicht ist eine Offenbarung des unendlichen Gottes, jedes Gesicht ist eine Erscheinung des Herrn, eine Epiphanie.

Viele Leute sagen zu mir: „Wenn mir doch Christus einmal erscheinen könnte!“ Oder sie vertrauen mir an: „Jesus ist mir erschienen, im Gebet, in der Kirche, in der Nacht neben meinem Bett.“ Darauf sage ich trocken: „Schon gut.“ Denn es hat für mich wenig Bedeutung. Was soll das heißen: Christus ist jemandem erschienen? Christus erscheint mir doch alle Tage! Man ist bereit, Gott im Außergewöhnlichen zu erkennen; aber das ist ja leicht. Wenn Ihnen Jesus jetzt erschiene, würden Sie in die Knie gehen und sagen: „Damit habe ich nicht gerechnet. Jesus Christus, ich bete dich an!“ Ja, das ist leicht. Was hingegen zählt, ist der „Tabor“, die wirkliche, wirksame Verklärung unseres Blicks, der innere Schock, der Riß, der mit einem Schlag die lebendige Gegenwart Gottes sichtbar macht. Dann ist nicht nur der Blick, sondern auch das Herz bekehrt. Mystik ist keine Abstraktion, nein! Mystik ist der Blick in die Tiefen der Wirklichkeit hinein, sie ist die Fähigkeit, die äußere Erscheinung zu durchdringen! Wir stellen uns die Mystik als Aus-dem-Weg-Gehen vor. In Wahrheit ist sie das Gegenteil, ein Sich-Versenken ins Herz des Nächsten.

Zwischen Glaube und Nächstenliebe besteht eine Dialektik. Der überzeugte Glaube muß zur praktischen Nächstenliebe werden. Und die Nächstenliebe verliert, wenn sie nicht vom Glauben gespeist ist, ihre Tiefe, ihre Bedeutung. Dialektik: Im Namen des Glaubens suche ich das Antlitz und die Gegenwart des Herrn in meinem Nächsten. Und wenn ich sie gefunden habe, wird umgekehrt mein Glaube neu erhellt. Das ist die Dialektik von Glaube und Nächstenliebe. Der Glaube nährt sich von der Nächstenliebe, und die Nächstenliebe nährt sich vom Glauben.

Hin und wieder kommt jemand zu unserer Caritas und bittet uns um eine Hilfe, die wir ihm nicht bieten können, weil es den Rahmen unserer Kompetenz sprengt. In diesem Fall sind zwei Antworten möglich. Man kann kurz angebunden sein und sagen: „Nein, nicht möglich, das geht die Caritas nichts an." Oder man kann sich das Anliegen anhören und zu dem Betreffenden sagen: „Ich verstehe dein Problem. Es ist sehr hart, was du da durchmachst, ich kann mir vorstellen, wie du leidest. Aber du siehst selbst, ich kann dir unglückseligerweise nicht helfen. Versuche es dort und dort." Und ich gebe ihm Hinweise. In beiden Fällen habe ich keine Hilfe geleistet. Aber im ersten Fall ist der Betreffende mit seiner Verwundung fortgegangen, im zweiten mit meinem Wort des Trostes. Oft kommen die Menschen aber gerade wegen dieser Trostworte zu uns, nicht wahr?

Caritasarbeit als Verwaltungsarbeit von Sozialfällen? Ein Verteilungsmechanismus von Sachspenden? Der Mensch lebt nicht vom Brot allein. Er lebt vom Respekt, von der Würde, von der Zuneigung, von der Liebe und der Zeit, die man erübrigt. In einer materialistischen Welt wie der unseren denken wir alle in Begriffen des Geldes und der Dienstleistungen. Wir müssen unsere Nächstenliebe schleunigst humanisieren, gründlichst vermenschlichen! Der da kommt, hat einen Durst nach Würde, nach Bestätigung, nach Freundlichkeit, nach einem Händedruck. Manchmal ist Würde und Anerkennung wichtiger als das Brot oder das Kleiderpaket. Er ist kein „Sozialfall", sondern ein Mensch.

Eine Nächstenliebe, die ihre Wurzeln nicht im Eros schlägt, läuft Gefahr, eine rein geistige, trockene, harte Nächstenliebe zu sein. Manchmal wird gesagt: „Um Gottes willen! Eros, wie gefährlich." Wenn ich nicht versuche, meine Agapé mit dem Eros zu füttern, wird es ihr an Substanz mangeln, an Fleisch und Blut, wie man einst gesagt hat: „Ich liebe meinen

Nächsten aus Liebe zu Gott." Nicht aus Liebe zu ihm, sondern aus Liebe zu Gott. Wenn Sie mich aus Liebe zu Gott lieben, dann lieben Sie mich bitte überhaupt nicht!

Die Gefahr der Agapé besteht darin, in Gleichgültigkeit dem Nächsten gegenüber zu verfallen, sich nicht der Anstrengung zu unterziehen aufzuspüren, was an ihm liebenswert ist, was an ihm anziehend ist; denn jeder Mensch hat irgendetwas, was an ihm liebenswert ist, weil Gott ihn liebt. Es ist nicht genug zu sagen: „Ich liebe ihn, weil Gott das so will, weil es das Evangelium so befiehlt." Oder noch schlimmer: „Ich liebe ihn, um Verdienste zu sammeln." Jemand, der in einem Altersheim von Ordensfrauen zwar gut, aber spürbar in diesem Geiste gepflegt wird, hat mir einmal gesagt:

„Ich habe den Eindruck, die Schwestern benützen mich als Instrument, um Verdienste zu sammeln, damit sie später im Himmel ihre Vorteile genießen können. Ich bin für sie nur ein Mittel zum Zweck."

Das ist furchtbar! Ganz furchtbar!

Das beste Mittel, so einer Falschentwicklung vorzubauen, besteht darin, daß wir uns immer wieder selbst auf die Ebene unserer Bedürftigen begeben, daß wir zumindest für kurze Zeit im weitesten Sinne des Wortes ARM werden. Wenn wir nicht regelmäßig diese Erfahrung machen können, wird uns etwas Wesentliches abgehen. Unsere Spitäler, Heime, der ganze Caritasverband können wunderbar wie ein Mechanismus funktionieren, aber es wird keine Seele drinnen sein. Und finden läßt sich die Seele nur im direkten Kontakt mit den Menschen.

Ich möchte jetzt noch ein anderes Problem ansprechen, die Zusammenarbeit mit unseren Mitarbeitern. Haben wir Vertrauen! Treten wir Verantwortung ab! Erziehen wir die Menschen zum selbständigen Handeln und Entscheiden! Widerstehen wir der Versuchung, anderen unsere eigenen Vorstellungen ständig vorzukauen.

So habe ich es als Caritas-Direktor von Ägypten immer gehalten. Statt meinen Mitarbeitern eine detaillierte „Job Description" hinzuknallen, habe ich sie angeleitet, sich ihre eigenen Projektgedanken zu machen und die Details zu erarbeiten. Beispielsweise wollte ich einen Bereich „Berufsausbildung" schaffen. Ich habe jemanden angesprochen, den ich für kompetent hielt: „Ich möchte diesen bestimmten Bereich aufbauen. Stöbere ein passendes Gebäude auf, entwirf mir einen Lehrplan. Treib geeignete Lehrkräfte auf. Entwickle eine Leitlinie." Daraufhin setzte sich der gute Mann hin und begann zu überlegen: „Wie stelle ich es an ...?" – Der Schöpfer war jetzt er. „Ich brauche zehn Angestellte." „Gut, stell sie ein." Und er hat tatsächlich den ganzen Bereich aus dem Boden gestampft und ihn selbst hochgepäppelt, in seinem Innern, in seinem Kopf und in seinem Herzen. Bedächtig hat er diesen Sektor wie eine Schwangerschaft ausgetragen und dann sein Kind geboren.

„Das Leben ist ein dorniger Rosenstock
und das Glück seine Blüte." (Konfuzius)

Dieser Mitarbeiter wird sich niemals sagen: „Es ist fünf Uhr, ich will heim, ich will jetzt frei sein." Nein! Er bleibt manche Tage bis um elf, bis Mitternacht. Warum? Weil es ihn etwas angeht. Er ist nicht mehr bloß ein Funktionär, er ist selber betroffen, voll in den Prozeß miteinbezogen. Mit den Leuten zusammenzuarbeiten heißt nicht, ihnen Verhaltensmaßregeln vorzuschreiben und ihnen Vorschriften zu machen, sondern sie zu motivieren. Es bedeutet, in ihnen den Wunsch zu wecken, mit mir, für die Caritas etwas Neues aufzubauen. Jeder einzelne muß sich gern verantwortlich fühlen und die Vaterschaft für sein Projekt übernehmen, damit es sein eigenes wird. Dann wird er es auch behüten und verteidigen wie eine Katzenmutter ihre Jungen. Sie sehen, es gibt zwei Arten von Management.

Das soeben beschriebene ist das Prinzip der Dezentralisierung. Nicht alles in einer Hand vereinigen wollen. Sie haben ein Hirn, dessen Kapazität beschränkt ist, das gilt für mich wie für Sie! Man kann nicht alles wissen, man kann nicht alles machen. Man muß Vertrauen üben, Vertrauen! Das ist das Subsidiaritätsprinzip. Und zugleich natürlich kontrollieren, Besuche machen, mit den Leuten reden, aber vor allem ihnen vertrauen. Dem anderen sagen: „Du kannst es!" Viele Mitarbeiter sagen zu mir zunächst: „Ich weiß nicht, ob ich das zusammenbringe ..." Darauf entgegne ich: „Du kannst es! Ich weiß, daß Du es kannst." Am Ende eines Monats kommt der Mitarbeiter: „Es klappt, Pater Boulad, es ist gelungen, ich hab`s geschafft!"

„Vertrauen ist eine Oase im Herzen, die von der Karawane des Denkens nie erreicht wird." (Khalil Gibran)

Wenn Sie einen Sektor aufbauen, bauen Sie zugleich den dafür verantwortlichen Menschen auf. Verantwortung übertragen heißt nicht einfach eine Sache in Gang setzen, es heißt auch eine Person daran wachsen lassen, indem man ihr Vertrauen schenkt. Nichts baut den Menschen mehr auf, als wenn er eine Sache – seine Sache – selbst verwirklicht. Durch Vertrauen baut man auf. Und die Freude, meine Mitarbeiter weitergebracht zu haben, ihnen ein Gefühl für ihre Wichtigkeit vermittelt zu haben, ihre verborgenen Talente ans Licht gelockt zu haben, ist mir eine sehr große Genugtuung und Freude. „Den Menschen weiterbringen" ist einer meiner Leitsätze, wenn nicht überhaupt mein Lebensmotto.

Sie sehen, Caritas-Arbeit hat viele Gesichter, weil sie als eine christliche Organisation vielen Notwendigkeiten gehorchen muß und in den verschiedensten Kulturen der Erde am Werk ist. Wovon man Ihrerseits auf österreichischem und deutschem Boden zu mir spricht, das ist die Versuchung des groß angelegten Caritas-Aktivismus, ich brachte eingangs das Bild vom Dinosaurier ..., denn mit dem Aktivismus wächst auch ständig das Körpergehäuse. Man erkennt es und man bedauert es, nicht allen ist so recht wohl dabei. Wir Orientalen wissen, daß der okzidentale Mensch ein hyperorganisiertes und hyperaktives Wesen ist. Mit Sicherheit verfügen Sie als Deutsche auch über die affektive Dimension, da denke ich nur an Goethe, dieses ganzheitliche Genie, das in sich die beiden Aspekte von Animus und Anima zu verbinden wußte. Heute hat man jedoch oft den Eindruck, daß im Okzident das Tun und Handeln über allem thront und die religiöse Praxis, sofern lebendig, sich oft in zerebraler Arbeit und im Heißdiskutieren über Kirchenpolitik erschöpft. Wo ist die Mystik eines Meister Eckhart oder der großen Spanier geblieben?

Bei uns im Orient das Gegenteil, und auch hierzu muß man sagen: „leider!" Das Religiöse in Ägypten hat das ständige Bestreben sich abzusondern, sich in sich zusammenzurollen, sich zu verschließen. Die Ostkirche vernachlässigt die Dimension des Engagements, von Ausnahmen abgesehen, z. B. sind unsere ägyptischen Protestanten, sehr gering an der Zahl, höchst aktiv! Im allgemeinen jedoch – der Hauptanteil der Christen sind die koptisch Orthodoxen – glaubt die Kirche recht zu tun, wenn sie sich vornehmlich dem religiösen Kult widmet, sehr feierlich mit zweistündigen Gottesdiensten, oder der Stille der Klösterlichkeit, oder dem rein Spirituellen, Mystischen, Liturgischen. Mit anderen Worten, auch hier fehlt ein Stück! Es fehlt die Diakonie, der Dienst.

„So ist auch der Glaube für sich allein tot,
wenn er nicht Werke vorzuweisen hat." (Jak 2,17)

„Wir sind auf Mission: Zur Bildung der Erde sind wir berufen.“ (Novalis)

Im Jahre 1992 hat mich der wohl hier führende Caritas-Experte und Theologe, Professor Heinrich Pompey, zu einem Gastvortrag in sein „Institut für Caritas-Wissenschaft“ an der Freiburger Universität eingeladen. Sein Themenwunsch an mich lautete: „Die Caritas im Dienst der Evangelisation“. Sehen Sie, wie hier die Wünsche und Notwendigkeiten ineinandergreifen? Bei uns verlangt es nach einem handfesten christlichen Sozialengagement und bei Ihnen soll dem sozialen Handeln die Evangelisationsarbeit entsprießen. In seiner Einführungsrede sagte Professor Pompey das folgende:

„Dieses Thema fordert zu einem Brückenschlag zwischen Spiritualität und sozialer Praxis heraus. Nicht die Optimierung kirchlicher Strukturen und Organisationen, sondern die Spiritualität, die in der sozialen Tat erspürbar wird, vermittelt den Geist, der trotz Lebensnot und Lebensleid den Menschen wieder lebendig macht. Die Evangelisation der Welt ist Auftrag der Kirche, damit die Menschen das Leben haben und es in Ganzheit haben. Ohne eine spirituell geprägte caritativ-soziale Arbeit wird die Kirche diesen Dienst der Evangelisation der Welt an dieser Gesellschaft nicht wirkungsvoll vollziehen können.“

An dieser Stelle werde ich für Sie einige Gedanken wiederholen, die ich damals in Freiburg geäußert habe. Wir leben im Orient das, was Sie hier im Okzident über Jahrhunderte auch gelebt haben, eine vom Alltagsleben abgekoppelte Religion. Die soziale Dimension der Kirche des Westens hat erst eine junge Geschichte, knappe hundert Jahre, nicht mehr. Nun kristallisiert sich aber die Wahrheit für beide heraus, für Ost wie für West: Mit der Behandlungsweise der sozialen Frage geben wir Christen Zeugnis dafür ab, daß das Evangelium operational und praktizierbar ist.

> *„Das Problem der sozialen Gerechtigkeit, für die Kirche wie für die Christen, stellt sich in der Frage nach einer konkreten und historischen Verifizierbarkeit der Kraft des Evangeliums."* (Christoph Theobald)

Professor Christoph Theobald ist ein anderer deutscher Theologe, den Sie vielleicht kennen, er stammt aus der Bonner Gegend und lehrt seit vielen Jahren an der Pariser Sorbonne. Ich kenne ihn sehr gut, denn er hat sich einmal persönlich und sehr ausgiebig (drei Monate) bei uns in Ägypten umgeschaut, um diese Thematik seinen Studenten plausibler vermitteln zu können. Lobenswert! Was er hier sagt, bringt unsere Caritas-Arbeit in Ost und West auf den Punkt. Die soziale Frage und das soziale Engagement sind eine Probe für die Glaubwürdigkeit des Christseins und die Wahrheit des Evangeliums.

Entgegen aller Meinungsmache der Massenmedien ist das Wesentliche der Glaube an den heutigen Menschen. Kein oberflächlicher, sondern ein allumfassender und unauslotbarer Glaube, der im Nächsten die heilige Realpräsenz erkennt. Deshalb müssen wir an unsere Fähigkeit glauben, den Kurs der Geschichte umzulenken und sie auf einen neuen Kurs zu bringen, wir müssen daran glauben, daß Mensch und Welt veränderbar sind. Im Orient taucht pausenlos der Satz auf: „Insch Allah!" (Wenn Gott will), und das ganze arabische Vokabular ist durchsetzt mit diesen Begriffen wie „Gott hat es so gewollt", „Gott wird es tun", „Gott wird ...", Gott, Gott, Gott! Das ist unser Risiko im Orient, alles Zukünftige Gott allein zu überlassen und alles Geschehene ihm zuzuschreiben. In Wahrheit aber braucht uns Gott! Deshalb hat er seine göttliche Kraft in uns gelegt und sie uns anvertraut. Er erwartet, daß wir sie in uns wachsen und gedeihen lassen und vermehrt zur

Anwendung bringen. „Ihr werdet noch größere Wunder tun als ich!" …

Im Westen besteht gerade die gegenteilige Gefahr. Sie unterliegen der Versuchung, so sehr und so ausschließlich auf das menschliche Können, das Alles-Machbare, zu setzen und bei diesem Leistungsstreben mit permanenten Erfolgserlebnissen zu vergessen, daß diese großartigen intellektuellen Fähigkeiten uns in Gnade geschenkt werden. Es ist die uralte Versuchung der Hybris, der Überheblichkeit, der die Menschen bis zur Stunde erliegen. Sobald das „große Können" aber an unüberwindliche Grenzen stößt, haben wir die Katastrophe.

Es muß der Welt-Caritas heute darum gehen, beide Spiritualitäten auszubalancieren, sodaß wir eine gemeinsame Dimension erlangen, in der ein Mensch sein Maximum auswirken kann, in der er bis an seine äußersten Grenzen geht und doch innerlich in vollkommener Bescheidenheit verbleibt. Dann, nur dann wächst er über alles hinaus, denn etwas hat sich in ihm gelöst, die innere Bremse ist gezogen, er verspürt keine Ängste mehr, weder im sozialen Handeln und Projektieren noch in der Frage des Hochmuts. „Wenn ich mich preise, so preise ich mich im Herrn", schrieb Paulus an seine Mitarbeiter - zur Nachahmung empfohlen! Nach diesem paulinischen Prinzip handeln bedeutet die einzig sinnvolle Integration der beiden Spiritualitäten von Okzident und Orient.

Vergessen wir die Hauptsache nicht! DAS ZIEL IST DER MENSCH! Das Ziel der Religion ist nicht die Religion. Das Ziel des Evangeliums ist nicht das Evangelium. Das Ziel des Christentums ist nicht das Christentum. Das Ziel der Kirche ist nicht die Kirche. DAS ZIEL IST DER MENSCH, der seit der Inkarnation geheiligte Mensch. Und wenn uns der soziale Dienst im Sinne des Evangeliums gelingt, dann vollziehen wir zugleich eine Anbetung Gottes.

In diesem Geist schließe ich mit einer Meditation.

DICH IN MEINEM NÄCHSTEN ANBETEN

Herr, Du bist gekommen uns zu offenbaren,
daß der Mensch geheiligt ist,
daß der Mensch die Offenbarung des Göttlichen ist,
heute, in unserer Welt.
Mit Deiner Fußwaschung hast Du uns sagen wollen,
daß wir Dir im Dienst am Nächsten
begegnen wie in der Eucharistie.
Gewähre uns, Herr,
daß unser Blick sich wandelt,
daß unser Glaube es schafft, Dich zu erkennen
und Dich im geringsten unserer Brüder anzubeten,
sodaß wir ohne Ende
Deiner Gegenwart mit Respekt begegnen,
mit Respekt für Dich, mit Respekt für den andern,
denn Du lebst in unserem Nächsten.
Gewähre uns, daß wir seine Würde voll empfinden
als Gottessohn, als Gottestochter,
diese Würde, die ihn zur lebenden Monstranz macht,
zur Epiphanie, zur Erscheinung Deiner Gegenwart!
Gib mir Deinen Geist der Liebe,
auf daß meine Nächstenliebe
eine Manifestation Deiner Liebe zu den Menschen werde,
so klein und elend sie auch sein mögen.
Amen.

DAS GEHEIMNIS DES KÖNIGS

Vortrag „Mystische Erfahrung und soziales Engagement", gehalten in Seitenstetten (Niederösterreich) vor Mitarbeiterinnen und Mitarbeitern der Caritas der Diözese Sankt Pölten am 20. Mai 1995

Man sagt, unsere Epoche habe den Sinn für Gott verloren, die Leute gingen immer weniger in die Kirche, das Christentum sei im Begriff, schrittweise aus unserer Gesellschaft zu verschwinden. Soll man darüber trübsinnig werden oder in Unruhe geraten? Ich frage mich, ob dieses Zeichen vorübergehend nicht eher positiv zu bewerten ist. Seinerzeit wurde das Christentum als eine Religion der Tradition, der religiösen Praxis, des Kults erlebt. Die Welt war noch „die heile Welt", und die Priester und die Hierarchie konnten ruhig schlafen; sie konnten damit rechnen, die Leute in der Messe zu haben, sogar die Maiandachten waren überfüllt. Heute hingegen beobachten wir eine Art allgemeiner Desertion; sie hat vor zwei Jahrhunderten begonnen, scheint aber noch immer zuzunehmen. Welche Diagnose können wir über dieses Phänomen erstellen?

Es ist viel vom Tod Gottes geredet worden. Unzählige Bücher sind darüber erschienen, und heute werden nicht einmal diese mehr gelesen. Das Verschwinden des Wortes „Gott", der Wirklichkeit Gottes, ist geradezu das Kennzeichen der Moderne. Moderne heißt: „Der Mensch im Brennpunkt", fast möchte ich sagen: „Kult des Menschen". Soll man aber Gott und den Menschen gegeneinander ausspielen? Ist der Aufstieg des Menschen zu Lasten Gottes erfolgt, oder – das ist die Frage, die ich stelle – geschieht er nicht viel eher auf dem Weg zu einer tieferen Gotteserkenntnis, zu einem vertieften Verständnis dessen, was das wahre Christentum ist? Die Moderne hat nur bewirkt, daß das wahre Wesen des Christentums erneut gefunden und entdeckt wird: Offenbarung des Menschen, das wahre Ausmaß der Inkarnation. Ich persönlich glaube, wenn der Islam die Religion Gottes ist, dann ist das Christentum die Religion des Menschen.

Das Christentum ist im Lauf der Jahrhunderte zu einer Buch- und Gesetzesreligion geworden, zu einer Religion des Kultus, des Opfers. Schon im Alten Testament können wir aber nachlesen, wie Gott unablässig darauf besteht, daß die Verehrung, die ihm durch Opferung von Schafen, Stieren usw. entgegengebracht wird, zu einem inneren Kult, zu einem Kult des Herzens werden muß.

„Barmherzigkeit will ich und keine Opfergaben." (Hos 6,6)

Das Auftreten der Propheten ist schon dieser Aufruf zu einem anderen, einem inneren Kult. „Eure Opfergaben sind mir ein Ekel. Sorgt euch um eure Witwen und Waisen!"

„Ich hasse eure Feste, ich verabscheue sie und kann eure Feiern nicht riechen. Wenn ihr mir Brandopfer darbringt, ich habe kein Gefallen an euren Gaben, und eure fetten Heilsopfer will ich nicht sehen." (Amos 5, 21f)

Wenn Jesus ausruft: „Barmherzigkeit will ich, nicht Opfer!" (Mt 9,13), zitiert er ein Gotteswort aus der Schrift. Unglückseligerweise ist das Christentum im Lauf der Jahrhunderte wieder zu einer Opferreligion geworden. Der moderne Mensch weiß aber gar nicht mehr, was ein Opfer ist. Wenn man Ihnen sagt, das Opfer besteht in der Schlachtung eines Hammels, werden Sie fragen: „Inwiefern kann die Schlachtung eines Hammels Gott gefallen? Was gibt ihm das?" Das Opfern hat seine Bedeutung eingebüßt, und ich würde sagen, zum Glück!

Achtung, hier liegt keine Entsakralisierung vor, sondern im Gegenteil eine Vertiefung des Opferverständnisses. Eine Verinnerlichung dessen, was den Kult ausmacht. Der Kult ist nicht mehr eingesperrt in ein Gebäude, in eine Konstruktion gepreßt namens „Kirche", und auch nicht in eine Praxis, eine Liturgie namens „Messe". Der Kult des modernen Menschen wird zu einer Dimension seines Alltagslebens; ein Akt der Selbstentäußerung und der Hinwendung zum Nächsten, der nicht mehr in einer sogenannten „religiösen" Umgebung erfolgt, sondern in einer sogenannten „profanen", und über diese Gegenüberstellung von Göttlichem und Profanem wollen wir jetzt einige Reflexionen anstellen.

Das, was als „Säkularisierung" bezeichnet wird, ist für mich die Entdeckung einer anderen Heiligkeit, die Entdeckung des wahren Heiligen. Denn das Heilige ist nicht eine isolierte Zone der menschlichen Existenz, die der weltlichen entgegengesetzt wäre. Was bedeutet das Wort „profan" ursprünglich? „Fanum" ist der Tempel, und „pro-fanum" ist das, was dem Tempel gegenübersteht. Profan ist also alles, was dem Heiligen entgegensteht. Es gibt das Heilige, die Zone, die „der Tempel" genannt wird, und es gibt das Nicht-Heilige, das Pro-fanum.

Aber Christus hat doch den Vorhang des Tempels entzweigerissen! Es hat eine außerordentliche symbolische Bedeutung, daß genau in dem Augenblick, da Christus stirbt und alles durchdringt, der Vorhang des Tempels zerreißt, weil er jetzt ALLES erfaßt. Das Heilige, das in dieser Zone eingeschlossen war, die man das „Allerheiligste" nennt, fließt ein in die Welt, um alles zu heiligen. Und Christus hat zurecht gesagt:

„Wenn ich über die Erde erhöht bin,
werde ich alle zu mir ziehen." (Joh 12,32)

Es ist zu Ende. Es gibt keine zwei Zonen mehr. Was man Säkularisierung nennt, ist also nichts anderes als die Entdeckung, daß alles heilig ist, Welt und Mensch. Unser rituelles Heilige ist durch ein existentielles Heilige ersetzt worden. Die gesamte Existenz wird zur Zone Gottes, und diese ist zur Gänze geheiligt. Ich nenne das die Vermenschlichung des Heiligen. Sie ist die logische Konsequenz der Inkarnation. Man hat aus der Inkarnation nicht alle Konsequenzen gezogen und ist dabei stehengeblieben, daß man immer wieder sagt, Gott sei in Jesus Mensch geworden. Inkarnation ist aber mehr: Sie ist dieses Einbrechen Gottes in alles Menschliche, in die Welt, in die Atmosphäre. Und wenn unsere Epoche sich gegen „das Heilige" sträubt, so ist das eine gesunde, eine gute Reaktion, eine Weigerung nämlich, die profanen Zonen auszugrenzen, weil Christus eben deshalb gekommen ist, das Heilige in die Existenz zu integrieren. Und deshalb schaue ich auf unsere Zeit mit einem sehr positiven, ganz unbesorgten Blick! Der Umstand, daß die Leute weniger mehr in die Kirche gehen, beunruhigt mich nicht sehr. Stattdessen bin ich hocherfreut über den Umstand, daß es in der Weltgeschichte noch nie so viele Organisationen abseits der Regierungen, soviele N.G.O.s (Non Governmental Organisations), gegeben hat, die für den Menschen in aller Welt an der Arbeit sind. Das ist ein Phänomen, das es zu analysieren gilt.

Ist es nicht merkwürdig, daß die Vermehrung des sozialen Engagements, die Zunahme des Gemeinsinns, der Anstieg des menschlichen Bewußtseins in bezug auf die Probleme der Armut und der Not parallel verlaufen zum Rückgang dessen, was man „den Glauben" nennt? In demselben Maß, in dem es ein Phänomen der Säkularisierung gibt, ein Abdriften in bezug auf die Kirche, konstatieren wir eine Zunahme des sozialen Wirkens in der Welt. Das bedeutet, daß der Akzent, der früher auf den Kult gelegt worden ist, heute mit derselben Energie auf den Menschen gelegt wird. Was auf der einen Seite verlorengegangen ist, ist auf der anderen gewonnen worden.

Und für den Menschen von heute bedeutet gerade die Humanisierung des Heiligen die Wiederentdeckung einer verlorenen Dimension und eine Wiederkehr des Christentums. Denn Europa, das angeblich entchristlicht ist, ist zutiefst christlich, in seiner Seele. Europa ist nicht entchristlicht, Europa hat das Christentum integriert und in seiner Tiefe entdeckt und ist jetzt dabei, einen neuen Typ von Christentum zu gebären, vielleicht einen authentischeren Typ denn je, ein sozusagen „säkulares" Christentum. Es gilt, dieses Phänomen zu lesen und zu analysieren.

Die pessimistische Beurteilung unserer Epoche ist falsch und geht häufig von einem bestimmten Ressentiment aus, einem Ressentiment vor allem von Religionsvertretern. Warum? Weil sie ihre Kundschaft und ihre Macht von einst verloren haben. Dieser Machtverlust wird dann als Religionsverlust gedeutet. Dabei hat man das Christentum allzusehr auf Statistik, auf Zahlen reduzieren wollen – auf jene, die praktizieren, und auf jene, die nicht praktizieren, auf Christen und auf Nicht-mehr-Christen.

„Viele von jenen, die in der Kirche sind, sind außerhalb der Kirche, und viele von jenen, die außerhalb der Kirche sind, sind in der Kirche." (Hl. Augustinus)

Was aber ist die Demarkationslinie zwischen den Kirchentreuen und jenen, die außerhalb der Kirche stehen, zwischen Christen und Nichtchristen, zwischen Gläubigen und Ungläubigen? Was ist die Linie, die diese Welten trennt? Es gibt ein einziges Kriterium: Christ ist, wer liebt. Jesus wird das sagen, wenn er kommt, um die Welt zu richten: „Ich war hungrig, ich war durstig, ich war nackt, Ihr kamt und gabt mir. Ihr seid meine Jünger, ihr seid die Meinen, Ihr seid zu meiner Rechten. Die andern aber sind zu meiner Linken." (Mt 25,31-46) Selbst jene, die getauft sind, mit täglichem Meßbesuch, Kommunionempfang, Rosenkranz und allem sonstigen Drum und Dran, sind zur Linken, wenn sie nicht geliebt haben. Das einzige Kriterium, das Christus verkündet, heißt „Liebe!" Liebe, und das ist alles! Und das macht die Kirche aus. Wenn es Liebe gibt, gibt es die Kirche. Wenn es Liebe gibt, gibt es das Christentum. Wenn es Liebe gibt, gibt es den lebendigen Christus. Wenn es sie nicht gibt, haben wir gar nichts.

Ich weiß nicht, ob Ihnen im Evangelium ein ganz bestimmter Punkt aufgefallen ist: Als ein junger Mann kommt und Jesus fragt: „Was muß ich tun, um das ewige Leben zu erlangen?", sagt Jesus zu ihm: „Liebe Gott! Liebe deinen Nächsten!" Und er fügt hinzu: „Das zweite Gebot ist dem ersten gleich!" Der junge Mann fragt ihn, was das wichtigste Gebot ist. Jesus hätte nun sagen können: „Liebe Gott mit deinem ganzen Herzen, mit deiner ganzen Seele, mit deiner ganzen Kraft, mit deinem ganzen Geist!" Das wäre ja das erste Gebot. Aber Jesus hat es nicht dabei bewenden lassen:

„Und das zweite Gebot ist dem ersten gleich:
Du sollst deinen Nächsten lieben wie dich selbst." (Mt 19,19)

Wie kannst du sagen „Ich liebe Gott", wenn du nicht deinen Bruder liebst? Wie kannst du sagen „Ich liebe Gott", den du nicht siehst, wenn du nicht deinen Bruder liebst, den du siehst?

Die christliche Illusion oder überhaupt die religiöse Illusion besteht darin, einem Mythos namens Gott nachzuhängen. Und die Inkarnation ist genau der Umstand, daß dieser Mythos kassiert wird. Inkarnation heißt: „Es gibt keinen fernen Gott mehr da oben." Aber es gibt „Gott mit uns": Immanuel!

„Ich bin bei euch alle Tage bis zum Ende der Welt." (Mt 28,20)

Und um diese Wirklichkeit auszudrücken, hat Christus, bevor er hinging zu sterben, beim Letzten Abendmahl zu ihnen gesagt: „Ich gebe euch ein neues Gebot." „Oh, ein neues Gebot?" „Liebt einander!" „Aber das ist doch ein alter Hut", haben sie vielleicht gedacht, „das ist nichts Neues." O doch, denn er macht aus den beiden Geboten ein einziges. Es gibt nicht mehr zwei getrennte Gebote: „Liebe Gott!" und „Liebe deinen Nächsten!", sondern es gibt nur noch ein einziges: „Liebt einander!" Ist Gott dabei abhanden gekommen? Mit anderen Worten: Der erste, der die Religion entsakralisiert hat, ist Christus. Er hat den Begriff Gott aus seinem Gebotstext eliminiert:

„Wie ich euch geliebt habe,
so sollt auch ihr einander lieben." (Joh 13,34)

Die Liebe zu Gott, „aus ganzem Herzen, mit ganzer Seele, mit ganzer Kraft, mit dem ganzen Geist", mit allem, wirklich allem, was in die Liebe zu Gott geflossen ist, nimmt Christus und gibt sie dem Menschen. Diese Unbedingtheit der Liebe, die immer auf Gott gerichtet war, ist von nun an auf den Menschen zu richten. Sein Gebot! Die Caritas-Arbeit liegt demnach richtig.

Und es ist kein Zufall, daß Christus dieses neue Gebot im Augenblick der Eucharistie feierlich erläßt. In dem Augenblick, da sein Leib zum Leib der andern geworden ist: „Dies ist mein Leib!" Der Leib des Jesus von Nazaret, ist von nun an „der" Mensch, jeder Mensch. Dieser Leib des Jesus von Nazaret hat sich in den Leib der Menschheit verwandelt. Mit anderen Worten, die Inkarnation hat sich in zwei Etappen ereignet. Erste Etappe: Gott in Jesus, „Wer mich sieht, sieht den, der mich gesandt hat." (Joh 12,45) Zweite Etappe: Jesus in uns. Und dieser zweifache Schritt der Inkarnation – Gott in Jesus und Jesus in uns – bewirkt, daß die Absolutheit Gottes Platz im Menschen findet. Es ist ein Doppelschritt, durch den Gott nicht allein Jesus geworden ist, sondern in Jesus ein jeder von uns. Das Absolute wohnt jetzt im einzelnen Menschen und in der Menschheit als Ganzer.

Anstatt das zu begreifen – daß die Eucharistie eine Sakralisierung des Menschen ist –, haben wir umgekehrt die Eucharistie sakralisiert und im sogenannten Altarsakrament isoliert. Die Eucharistie ist ein Kult in sich selbst geworden. Man hat Christus in der konsekrierten Hostie unter Quarantäne gestellt. Man hat Gott wieder im Allerheiligsten verriegelt, im Tabernakel, während Christus doch gekommen ist, um uns zu sagen: „Achtung, Achtung, ich bin nicht mehr dort eingeschlossen, ich dringe jetzt ein ins Leben, ich durchdringe den Menschen!"

Eben deshalb fühlt sich der moderne Mensch in der Kirche, in der Messe, bei der Liturgie, bei der Eucharistiefeier nicht mehr recht wohl, weil er findet, daß das im wahren Lebensalltag sozusagen nur in Klammern steht. Man geht zwar zur Messe, aber danach zu den „ernsthaften Dingen" über, will heißen zum laufenden Leben. Man hat also die sogenannte Dichotomie, die Gespaltenheit des Menschen wieder aufgenommen, während das große Wort des Neuen Testaments Versöhnung heißt. Versöhnung des Lebens mit sich selbst, des Menschen mit sich selbst, des Menschen mit dem Leben und Gottes mit dem Menschen; in allem Herstellung der Einheit. Dieser ganzheitliche Zugang, wie man heute sagt, ist wieder aufgetrennt worden. Und die Säkularisierungsbewegung ist präzis eine Ablehnung dieser Trennung. Wir müssen die Eucharistie in dieser Perspektive des Menschen neu überdenken. Hier findet auch die Sozialarbeit eine neue Deutung. Sozialarbeit ist recht verstanden ein Kult, eine Liturgie im allerreinsten christlichen Sinn.

Ich verwende das Wort Liturgie in seiner ursprünglichen Bedeutung. Was meint das Wort „leit-urgia" im Griechischen? Es bedeutet „Dienst". Und wenn sich eine Sozialhelferin oder eine Schwester in einem Heim mit einem Kranken befaßt, vollzieht sie eine liturgische Handlung. Ich wünsche mir, daß Sie, die Sie im Sozialbereich tätig sind, in ihrer sozialen Tätigkeit einen liturgischen Akt erkennen. Das heißt: Ich pflege und erleichtere einen Kranken, salbe und bette ihn. Ich versorge ein Baby, ich beuge mich über einen alten Mann, ich reibe ihm die Brust ein, ich gebe ihm Tropfen ins Glas, ich sage zu ihm: „Nehmen Sie das! Bitte, noch einen Schluck, und noch einen. Geht`s? Ja? Gut so." Das ist keine geringere Liturgie als das „Dominus vobiscum"!

Der Priester in der Messe, der all seine edlen Gesten ausführt – er gießt feierlich den Wein ein, gibt ein paar Tropfen Wasser hinzu, nimmt den Kelch und hebt ihn empor: Wir glauben, daß das heilig sei, das sei eine Liturgie, das sei für Gott, nur das. Und danach gehen wir zur Tagesordnung über. Nun denn, nein!!! Betrachten Sie die nicht weniger edle Tätigkeit der Helfer in einem Krankenhaus als kultischen Akt. Der Kult, die Verehrung Gottes verlangt, daß sie nicht länger in einem Tempel eingeschlossen sei; von nun an ist der Tempel Gottes der Mensch! Und wenn die Sozialhelferin oder die Krankenschwester begreift, daß ihr Handeln angesichts des Kranken direkt auf Gott abzielt – der Kranke ist der Kranke und zugleich ist er Gott –, in diesem Moment gewinnt das soziale Handeln eine völlig neue, völlig unterschiedliche Bedeutung. Sie wird zum Gebet, sie wird mystisch.

An dieser Stelle erleuchtet unser Glaube unser christliches Handeln, denn er erklärt es. Das Handeln ist christlich in dem Maß, als es vom Glauben aus dem Inneren erleuchtet ist. Heutzutage wird viel vom Priestertum der Frau gesprochen. Sollen Frauen zu Priestern geweiht werden, ja oder nein? Sollen verheiratete Männer zu Priester geweiht werden, ja oder nein? Der Papst hat es verneint. Nun, das ist ärgerlich. Man wartet ab. Aber worauf warten Sie? Sie sind schon

Priester und Priesterinnen! Sie, die Frauen, Sie, die verheirateten Männer – schon durch Ihre Taufe sind Sie geweiht worden, alles ist getan. Und Ihre soziale Funktion, Ihre soziale Aktion ist schon eine priesterliche! Wenn die Laien das begreifen, werden sie kein Bedürfnis mehr haben, sich ordinieren zu lassen. Aber wir haben immer diese Vorstellung von einer abgetrennten Heiligkeit. Eine Ordination ist schon recht; ich selbst bin Priester, bedaure es nicht, bin glücklich dabei. Aber ich sage: Weil der Laie seinen priesterlichen Charakter noch nicht entdeckt hat, träumt er oder sie von einem abgehobenen Priestertum, einem sogenannten Dienstamt. Gewiß ist dieses besondere Priestertum auch notwendig, aber wenn der Christ sein Priestertum als Getaufter leben würde, hätte er nicht mehr diesen ehrgeizigen Wunsch, ein Priesteramt zu erobern, das auch er in seinem Alltag ausüben kann.

Dieser Zugang ruft nach einer inneren Umkehr, einer Wiederentdeckung dessen, was Sie sind, dessen, was jeder Christ ist. Und in diesem Augenblick wird der Akt selbst verwandelt. Der Akt – etwa ein Glas Tee einem Kranken zu bringen – bleibt derselbe, aber er gewinnt eine andere Bedeutung, weil er eine absolute, allerletzte, göttliche Dimension annimmt. Dies bei der Sozialarbeit leben heißt die Mystik leben. Denn im Gegensatz zu dem, was viele denken, ist Mystik kein Abheben in höhere Sphären, sondern Mystik ist Versenkung ins Herz der Wirklichkeit. Mystik ist Entdeckung dieses inneren Feuers, das da drinnen brennt. Mystik ist nicht Flucht aus der Welt, sondern Eintauchen in die Welt. Mystik ist ein bestimmter Blick.

Ein Blick. Ich sehe Sie. Aber Sehen ist kein biologischer Akt, kein bloß natürlicher Akt. Sehen muß man lernen! Und man hat nie ausgelernt. Es ist eine Schule, eine lange Lehrzeit. Ich möchte, daß wir, ausgehend von diesem Treffen, lernen, was Sehen heißt. Ich sehe ein Gesicht. Was ist ein Gesicht? Seit ich klein war, stelle ich mir die Frage: Was ist ein Gesicht? Es gibt den reduktionistischen, wissenschaftlichen Zugang. Man versucht das Gesicht zu fixieren. Was enthält das Gesicht? Es besteht aus Zellen, aber dahinter liegt ein Geheimnis. Ein Abgrund tut sich auf! Es gibt etwas in einem Gesicht, das Tore in die Unendlichkeit aufstößt. Eine Welt - dieses menschliche Gesicht, dieses kleine Gebilde von Zellen, von Fleisch, von Bein ist ein Mysterium.

Ein Gesicht kann man lesen wie ein Buch. Ein Gesicht ist ein Code, den man entschlüsseln muß, ein Code zum Dechiffrieren. In 99 Prozent aller Fälle, in denen wir ein Gesicht ansehen, streifen wir es nur, sehen wir es nicht wirklich. Wir bleiben an der Oberfläche. Versenken Sie sich in ein Gesicht, in die Seele des anderen! Was liegt in den Augen des Menschen? Was verbirgt sich dahinter? Es gibt ein Buch, das den Titel trägt „Von der anderen Seite meines Gesichts". Selbst mein eigenes Gesicht kenne ich nicht. Ja, ich betrachte es im Spiegel, aber ich weiß nicht, was sich auf der anderen Seite meines Gesichts abspielt. Was ist da drinnen? Das eben heißt Glaube.

Glaube ist nicht Anhänglichkeit an ein Credo, an Dogmen, an Ideen, an Vorstellungen, an eine Theologie. Man übernimmt, was uns die Kirche sagt, man rezitiert eine Formel. Glaube ist aber keine losgelöste Realität. Glaube ist diese Fähigkeit des Blicks, ins Innere, ins Herz der Wirklichkeit einzudringen, ganz durchzudringen und mit einem Schlag – Gott zu entdecken. Gott! Da drinnen! Glaube ist der Blick, der durch die Erscheinung hindurchgeht, der über das Sichtbare hinausgeht, der die Schale durchbricht, um da drinnen einzukehren und die Transzendenz Gottes zu erleben. Manchmal werden Transzendenz und Immanenz einander gegenübergestellt. Die Transzendenz ist oben, und die Immanenz ist unten. Transzendenz ist aber Transzendenz der Immanenz, sonst wäre sie eine Flucht, woandershin, in die Gleichgültigkeit, sie wäre Spaltung, Schizophrenie! Christlicher Glaube ist die Fähigkeit, die Transzendenz da drinnen zu entdecken, in der Tiefe des Herzens.

Und in diesem Augenblick wird der Glaube an Gott zum Glauben an den Menschen. Die Entdeckung Gottes wird zu einer Entdeckung des Menschen. Die Absolutheit Gottes wird zur Absolutheit des Menschen. Jedes Gesicht ist Offenbarung. Der Glaube ist die Offenlegung des Gesichtes Gottes im Gesicht des Menschen. Die christliche Offenbarung ist eine Erhellung des Lebens, der Existenz. In diesem Augenblick ist man vom Göttlichen umfangen, man taucht ins Göttliche ein, man lebt im Göttlichen, man badet im göttlichen Licht. Alles ist göttlich![1] Und das soziale Handeln wird recht eigentlich zur Verehrung des Göttlichen im Menschen.

Ich möchte diesen ersten Teil mit zwei Bildern abschließen. In der Kirche macht man eine Kniebeuge vor dem Allerheiligsten, vor Christus. Warum geht man in die Knie? Weil man vor dem Heiligen weilt. Wenn wir aber einmal die lebendige, zitternde Gegenwart Gottes im Menschen entdeckt und begriffen haben, im Menschen, der leidet, im Menschen, der da kommt – in dem Augenblick werden wir befähigt, uns vor dem Menschen innerlich niederzuknien, vor dem Menschen als der heiligsten Wirklichkeit, die auf Erden existiert. Sich in der Kirche vor Gott niederzuknien ist leicht. Aber schwer ist es vor dem Menschen …

Das zweite Bild betrifft den Akt des Zuhörens, des Anhörens des anderen. Wenn man in der Kirche ist, hört man dem Priester zu, hört man auf Gottes Wort. Wenn aber jemand kommt, der ein Problem mit sich herumträgt, der Fragen hat, der ein Ohr und ein Herz sucht, das ihm zuhört und seine Fragestellung aufnimmt, und Sie stellen sich als Sozialarbeiter zur Verfügung, um sich sein Leiden anzuhören – hören Sie nicht nur halb hin, sondern begeben Sie sich da hinein, nehmen Sie den Fragensteller ernst. In diesem Augenblick vollziehen Sie recht eigentlich den Akt der Entdeckung Gottes.

Fähig sein, sich vor dem Menschen niederzuknien, nicht notwendigerweise physisch, sondern geistig – vor jedem einzelnen Menschen inwendig eine Haltung der Anbetung einnehmen, der Anbetung im vollen Sinn des Wortes – der inneren Anbetung, der inneren Kniebeuge, der inneren Aufmerksamkeit: das ist die Verehrung, die Gott von uns erwartet.

Nun zum ZWEITEN TEIL. Wie Sie wissen, bin ich Jesuit. Und der Jesuit hat eine besondere Spiritualität, eine säkulare, weltliche. Der heilige Ignatius von Loyola reißt das Ordensleben der kontemplativen Klöster aus, um es in die Welt einzupflanzen. Und das schafft einen anderen Typus von Spiritualität: Spiritualität der Aktion, fleischgewordene, inkarnierte Spiritualität. Ausgehend von dem, was ich in meiner Spiritualität als Jesuit lebe, möchte ich Ihre Spiritualität im sozialen Handeln beleuchten, denn so wie Sie ist der Jesuit ein Mensch, der in der Welt wirkt; er wirft sich in die Schlacht, um an der Förderung des Menschen mitzuwirken. Man spricht vom „contemplativus in actione", vom Menschen, der betet, indem er handelt. Wie kann so etwas gelebt werden? Ich werde versuchen, Ihnen das darzulegen.

Kontemplation ist Vereinigung mit Gott, Mystik ist Einswerdung mit Gott, eine Liebesvereinigung. Aber dieser Gott, mit dem ich mich vereinige, ist nicht der Gott, den ich da oben betrachtend anbete. Nein, es ist ein Gott in der Welt. Mich mit Gott vereinigen heißt also mich mit Gott in der Welt vereinigen, im Menschen. Damit wird der Begriff Kontemplation völlig umgekrempelt. Die Kontemplation ist dann nicht eine Beziehung zu einem äußerlichen Gegenüber, fern von mir, über mir, sondern zu jemandem, der drinnen ist im Innern der Welt.

Aber Gott ist in der Welt nicht einfach statisch da wie eine Flasche auf einem Tisch; er ist nicht nur da im Sinne von Da-Sein, wie es im Philosophendeutsch heißt. Er ist in der Welt tätig, er handelt in ihr. Gott ist eine Dynamik im Inneren der Welt, ein aktives Prinzip, das die Welt in Bewegung hält, das die Welt zum Handeln treibt und sie in Trab setzt. Gott ist eine Kraft der Entwicklung, eine Kraft der Beschleunigung, eine Kraft des Fortschritts. Und der Gott, mit dem ich mich vereinige, ist dieser tätige Gott. Meine eigene Aktivität als Mensch – als Jesuit oder als Sozialarbeiter – besteht darin, in das Handeln Gottes in der Geschichte einzutreten.

Gott handelt, und der Mensch handelt auch. Sind das nun zwei Parallelaktionen, liegen sie übereinander – Gott oben, ich unten – oder ineinander – eine in der anderen? Antwort: Wenn ich handle, handelt in mir Gott; Gott handelt durch mich, in mir, mit mir. Die Vereinigung mit Gott ereignet sich nicht in einer Betrachtung vor einem Bild oder vor Gott, der auf einem Thron sitzt – ich bete ihn an, streue ihm Weihrauch, und er ist zufriedengestellt. Nein! Die Vereinigung, die Gott fordert, die Vereinigung, die ihn interessiert, ist eine Vereinigung, bei der ich mich mit ihm an einer Aktion beteilige, die die Welt in Bewegung versetzt; eine Vereinigung, die die Welt verändert. Und indem ich die Welt verändere, verändert diese Veränderung auch mich. Ich entdecke Gott als etwas anderes als ein Idol oder eine Statue. Ich entdecke ihn in meinem Handeln, ich vereinige mich mit Gott, der an der Arbeit ist und mit mir handelt.

Es ist eine Kollaboration – „col-laborare“, „laborare cum“ heißt mitarbeiten. Ich bin Mitarbeiter Gottes in einem tollen Joint venture. Nichts bringt zwei Menschen so sehr zusammen wie die gemeinsame Durchführung eines Projekts. Du willst zwei Personen zusammenbringen? Spann sie zusammen, um etwas auf die Beine zu stellen! Wenn Sie vereint sein möchten, zwei Freunde, Mann und Frau, unternehmen Sie etwas gemeinsam! Es ist nicht nur das Gespräch, das zusammenführt. Dialog ist schon gut. Aber viel wichtiger ist es, gemeinsam etwas zu schaffen. Und das ist das Faszinierende an Gott, daß er uns einlädt - Sie, mich -, mit ihm am Bau der Welt mitzuwirken, den Menschen aufzubauen, das Morgen, die Zukunft. Es ist ungeheuerlich!

„Ich bin beim Schöpfungsakt Gottes deckungsgleich dabei",

sagt Olivier Clément, ein großer orthodoxer Theologe. Ich bin beim Schöpfungsakt Gottes deckungsgleich dabei! Gott schafft, und ich trete in diese Schöpfung ein. Nicht passiv, indem ich geschaffen werde. Nein, ich schaffe mit! Die Schöpfung ist kein Akt, bei dem ich mich von Gott empfange, wie der Ton, der sich modellieren läßt. Nein, Gott sagt zu mir: „Schaffe mit mir!" Das ist die sogenannte Kon-Kreation, die Mitschöpfung; der Mensch ist Mitschöpfer mit Gott. Gott hätte die Geschichte und die Welt ja fix und fertig, abgeschlossen und vollendet hinstellen können. Er hat es nicht getan. Er hat eine unvollkommene Welt geschaffen, a work in progress. Er ruft mir zu: „Hilf mir, die Schöpfung abzuschließen."

Und um mit Gott mitschaffen, mitarbeiten zu können, darf ich nicht bloß ein Ausführender sein, ein Sklave, vielmehr muß ich mich auf seine Absicht einlassen, auf sein Projekt, seinen Plan. Wenn Sie ein Haus bauen, haben Sie zwei Ebenen: jene der Architekten und jene der Arbeiter. Was wird vom Arbeiter erwartet? Einen Ziegel zu legen und noch einen Ziegel zu legen. Den Plan des gesamten Hauses muß er nicht zu Gesicht bekommen. Er verrichtet eine punktuelle Arbeit, Ziegel um Ziegel, Verputzen, Ausmalen. Wir jedoch sind nicht auf der Ebene der Ausführenden. Gott verlangt von uns mehr als bestimmte Einzelaufgaben, mehr als die Exekutierung seiner Wünsche. Er macht uns zu Mitgestaltern seines Planes, seines Entwurfs, seiner Vision. Und die Offenbarung ist nichts anderes als die Offenlegung des Umstands, daß es sich so verhält. Deshalb sagt Jesus auch im Evangelium zu uns:

> *„Ich nenne euch nicht mehr Knechte; denn der Knecht weiß nicht, was sein Herr tut. Vielmehr habe ich euch Freunde genannt; denn ich habe euch alles mitgeteilt, was ich von meinem Vater gehört habe."* (Joh 15,15)

Mit anderen Worten: Wir sind in das Geheimnis des Königs eingeweiht. Wir sind in das Geheimnis Gottes eingeweiht. Offenbarung heißt an der Vision Gottes für die Welt teilhaben, an Gottes Plan, an Gottes Entwurf – wie Suzanne de Dietrich in ihrem Buch „Der Entwurf Gottes" ausgeführt hat (das Buch wurde original auf deutsch geschrieben und ist in viele Sprachen übersetzt worden, eines der schönsten Bücher über die Bibel, die es gibt, klein aber fein, eine sehr schöne Synthese). – Nun, wir sind in diese Vision einbezogen, wir nehmen am Plan Gottes teil, wir sind seinem Projekt assoziiert. Und das verändert vollkommen unsere Motivation. Es ist berauschend, begeisternd. Gott thront nicht in der Chefetage, sondern er sagt zu mir: „Setz dich zu mir her! Was meinst du? Wie würdest du es machen?" Und es wird diskutiert. So ist es. Gott baut die Welt, vollendet die Welt im Dialog, das heißt im Gebet mit dem Menschen. Ich bin nicht Gottes Vollstrecker, nein, ich bin sein Dialog-Partner, Partner! Unerhört!

Ich spreche aus Erfahrung. Es gibt ja zwei Arten von Direktoren. Die erste ist der Big Manager, der Big Boss, der seine Vollstrecker zur Hand hat: „You make that, you make that." Der Arbeitsverteiler. Ich gehöre nicht zu diesem Typ. Meine Art zu lenken ist eher wie die von Gott (ich gebe zu, das ist ein bißchen hoch gegriffen, Sie verstehen mich): Statt zu sagen „Du machst das!", sage ich zum anderen: „Da hast du, was ich ungefähr will, was meine Vorstellung ist. Sie ist noch verschwommen." – Sie werden mir entgegenhalten: „Was, Gott soll verschwommene Vorstellungen haben?“ Ich sage Ihnen: Ja, Gott hat verschwommene Vorstellungen. Umso besser! Gott hat die Welt nicht geplant, wie ein Ingenieur sein Haus geplant hat: hier ein Nagel, hier ein Fenster und hier eine Tür. Gott erfindet die Welt jeden Tag gemeinsam mit dem Menschen. Und die Entscheidung des Menschen wandelt den Plan Gottes ab. Es ist ein flexibler Plan. Gott ist derart genial, daß sein Plan beweglich ist, wie ein lebender Baum. Ein Baum kann so wachsen, und er kann so wachsen.

Die Welt ist nicht einfach die Welt und die Schöpfung Gottes; sie ist meine, unsere, Ihre Angelegenheit. Sie ist mein Projekt, unser Projekt. Sie ist unsere Geschichte. Nicht Gott macht die Geschichte, der Mensch macht sie. Gott macht sie mit Hilfe des Menschen, durch den Menschen, im Menschen, gemeinsam, als Partner.

In gewisser Hinsicht kann Gott gar nicht mehr handeln außer durch mich, durch meine Hände, durch meine Augen, durch meine Füße, durch mein Lächeln. Ich bin in der Welt die aktuelle Offenbarung des handelnden Gottes. Ich bin eine lebende Botschaft für den Menschen von heute, ich, Sie! Gott kann dem Menschen nur ein Lächeln des Menschen schenken. Mein Lächeln. Gott wartet ab. Er ist da und flüstert: „Ich möchte dieser Person zulächeln. Borg mir dein Lächeln! Borg mir dein Gesicht! Borg mir deine Augen! Borg mir deine Hände zum Verbandanlegen und zum Liebkosen.“ Außerordentlich – ich werde zum Akt Gottes von heute, zum Sakrament Gottes, ich, ja ich!

Ebenso wie sich Gott im Antlitz des andern mir offenbart, offenbart er sich in meinem Antlitz dem andern. Ich selbst entdecke Gott im Antlitz des Nächsten; das habe ich im ersten Teil dieses Vortrags ausgeführt. Aber jetzt drehe ich den Spieß um und sage, daß der Nächste Gott in meinem Antlitz entdeckt.

Ich bin die lebendige Offenbarung Gottes. Das zu wissen ist erregend: daß ich durch mein Handeln Gott der Welt nahebringe. Das eben ist das Kennzeichnende an dem, was ich vorhin gesagt habe: Unser Handeln ist eine Liturgie, Sozialarbeit ist ein Kult.

Aber worin besteht dieser Plan Gottes, von dem ich gerade gesprochen habe, worin besteht dieser Entwurf, diese Vision? Ich fasse es in zwei Worte: Das Gelingen des Menschen. Alles, was der Mensch für den Menschen tut, alles was ihn in seinem Menschsein wachsen läßt, geht in die von Gott gewünschte Richtung. Alles, was den Menschen kleiner macht, alles was ihn weniger Mensch sein läßt, ist gegen den Plan und den Vorsatz Gottes. Und was ist das soziale Handeln? Auch das soziale Handeln ist nichts anderes als Förderung des Menschen, Hilfe zur Menschwerdung, Vervollkommnung des Menschen. Dieser Mensch, der noch im Zustand der Schwangerschaft, der Erwartung ist: Es geht darum ihn zu fördern, ihn weiterzubringen und zur Vollendung zu führen. So gesehen hat das soziale Handeln etwas Mitreißendes!

Den Menschen aufsteigen lassen – aber wohin? Bis wohin den Menschen größer wachsen lassen? Bis zu seiner göttlichen Dimension! Der Mensch ist berufen Gott zu werden. Ja, Gott! Die Vollgestalt des Menschen ist Gott. Und dieser Blick des Glaubens, den wir Christen haben – daß der Mensch nach dem Bild Gottes geschaffen ist und berufen Gott zu werden –, verleiht unserem sozialen Handeln eine Perspektive, die es von einem bloß philanthropischen und humanitären Handeln grundsätzlich unterscheidet, es verleiht ihm eine theologale, zentral theologische Dimension. Das humanitäre Handeln, die soziale Arbeit des Christen verfolgt ein unermeßlich hohes Ziel: den Menschen aufzubauen, unablässig, unermüdlich. Dem Handeln des Christen liegt ein geradezu verrückter Ehrgeiz zugrunde, der identisch ist mit jenem Gottes.

Das genau ist die Offenbarung. Schlagen Sie den Epheserbrief auf:

„Er hat uns das Geheimnis seines Willens kundgetan, wie er es gnädig im voraus bestimmt hat: Er hat beschlossen die Fülle der Zeiten heraufzuführen, in Christus alles zu vereinen, alles, was im Himmel und auf Erden ist." (Eph, 1,9f)

Der König hat seinen Vertrauten den geheimen Plan entwickelt. Gott hat uns seinen Plan geoffenbart, wir haben vom Geheimnis Gottes Kenntnis erhalten. Wenn wir aber dieses Geheimnis kennen, dann nicht, um es gleich wieder in einem Tresor zu versperren und den Schlüssel in die Tasche zu stecken, sondern damit dieses Geheimnis in uns wirksam wird. Leider wird die Offenbarung bis in die Gegenwart als ein Depot aufgefaßt, so wie ich mein Geld in einer Schublade verschlossen halte. Eine Ablage – welch furchtbares Wort!

Die Offenbarung muß in uns eine dynamische Kraft sein! Ich kenne schließlich das Geheimnis Gottes. Und wenn er es mir einsichtig macht, dann damit ich aus ihm etwas mache. Der Glaube ist in uns unglückseligerweise kaum wirksam, aber der echte Glaube ist ein Vulkan! Er ist eine Wirkmacht, die sich Bahn bricht! Der Glaube drängt uns zum Leben. Ich kann den Glauben nicht haben, ohne mich sofort ans Werk zu begeben. Glaube ist Engagement. Und dieses Geheimnis, das uns geoffenbart wurde, dieses Mysterium des Menschen in Christus, der aufgerufen ist, Gott zu werden, ist für mich ein Antrieb zum Handeln, zur Veränderung der Welt, zur Bildung des Menschen, zur Erfindung des Morgens, zur Schaffung der Zukunft!

Der Glaube ist für den Großteil der Christen ein überkommener Glauben geblieben. Aber ein Glaube, der nicht handelt, ist ein toter Glaube. Manch einer sagt stolz von sich: „Ich lese die Bibel." Wozu soll das gut sein, die Bibel zu lesen? Wozu ist das nütze, wenn nicht um tiefer in die Absicht Gottes einzudringen? Die Bibel ist die Offenbarung dessen, was Gott mit der Menschheit vorhat. Die Bibel ist nicht bloß die Offenbarung, sondern sie ist zugleich der Beginn der Verwirklichung dieses Plans in der Geschichte, der vor uns ausgebreitet liegt. Die Bibel zu lesen heißt also als seine Verbündete in das Geheimnis des Königs einzutreten. Die Bibel zu lesen heißt, das Handeln Gottes in einem bestimmten kleinen Volk, im jüdischen, auszumachen, durch die Geschichte hindurch, und sich dann zu fragen: „Wie geht diese Geschichte heute weiter? Welchen Plan verfolgt Gott heute?"

Man kann sich in sein Inneres zurückziehen, um darauf eine Antwort zu finden. Und in dem Augenblick, da ich in mich gehe, wird mein Handeln von innen her angetrieben und bewegt. Ich erhalte nicht mehr Anweisungen von Gott, ich handle von selbst, aus Eigenem, weil das, was in mir handelt, der Geist ist. Ich verinnerliche das Vorhaben Gottes, um daraus mein eigenes Vorhaben zu machen, mein Projekt. Ist es nicht mehr sein Projekt? Es ist ein und dasselbe!

Manchmal werde ich gefragt: „Was ist dein Lebensziel? Was ist deine Devise?" Darauf antworte ich: „Die Welt zu verändern!" Man schmunzelt und sagt: „Ganz schön hochtrabend! Du, du glaubst doch nicht etwa, daß du die Welt verändern wirst?" Darauf ich: „Ich wäre kein Christ, wenn ich das nicht vorhätte!" Das soziale Handeln zielt auf Veränderung der Welt ab. – Vergangene Woche war ich in Rom bei der Generalversammlung der Caritas Internationalis, die alle vier Jahre abgehalten wird, und ich habe zu den Versammelten gesagt: „Ich wünsche mir, daß die Caritas sich meine eigene Devise zum Leitspruch, zum Motto nimmt: Die Welt verändern." Christsein heißt ehrgeizig sein. Früher hat man gesagt: „Jesus ist gekommen, um die Welt zu erlösen." Das führte zur Lethargie. Ich liebte diese Wendung nicht sehr. Er ist zunächst gekommen, die Welt zu verändern. Er ist gekommen, den Menschen zu verändern, denn damit erlöst er ihn.

Und wenn wir als Christen etwas leisten wollen, dann gehen Sie hin und verändern Sie die Welt, verändern Sie Europa, verändern Sie Österreich, verändern Sie den Menschen! Eine gewaltige Aufgabe. Aber eine christliche Aufgabe. Und unser christlicher Anspruch.

MEDITATION ÜBER DAS VATERUNSER

VATER UNSER IM HIMMEL –
im Himmel, der sich im Herzen des Menschen befindet,
und im Herzen der Welt.
GEHEILIGT WERDE DEIN NAME –
dieser Name, den jeder Mensch
in seinem Innern trägt als eine Erwartung.
Deinen Namen heiligen heißt den Menschen heiligen;
denn Du hast den Menschen heilig erdacht,
so wie Du selber heilig bist.
Die Verehrung, die wir Dir entgegenbringen,
sollen wir dem Menschen entgegenbringen.
Den Menschen anbeten heißt
Dich im Menschen anbeten.
DEIN REICH KOMME –
bedeutet, daß die Fülle Deines Wesens
ins Herz unseres Menschseins
und unserer Geschichte gelangen möge.
DEIN WILLE GESCHEHE,
WIE IM HIMMEL SO AUF ERDEN –
bedeutet, daß Dein Plan unser Plan werde,
daß Dein Wille unser Wille werde,
daß Deine Sicht der Menschheit unsere eigene werde.
An diesem Tag
wird jeder Mensch sein Tagesbrot bekommen,
in einer brüderlichen Welt,
in der jeder dem andern vergibt
und alles fallen läßt,
was er gegen seinen Nächsten hegt.
An diesem Tag
werden wir dem Bösen der Welt ein Ende setzen,
weil wir der Liebe zum Sieg verhelfen. *Amen.*

DISKUSSION

FRAGE 1: Es wird immer Menschen geben, die sich dem Plan des Königs widersetzen, die faul bleiben und dabei ein ruhiges Gewissen haben.

BOULAD: Das ist die Sünde! Die Sünde besteht darin, daß man sich dem Plan Gottes querstellt oder ihn völlig ignoriert, und diese Sünde ist um uns. Es ist eine soziale Sünde, aber auch eine persönliche. Jeder von uns trägt dieses Hindernis für den Plan Gottes in sich. Sünde ist nicht die formale Übertretung eines Gesetzes oder einer bestimmten Regel, eines Gebotes (wie man das allzusehr gesehen hat); sie ist vielmehr das, was die Verwirklichung des Planes Gottes behindert. Sie ist das, was den Menschen an seiner Menschwerdung hindert. Ja, ich bin mir dessen bewußt, es gibt diesen Widerstand - mag man es nun das Böse nennen oder Satan, Egoismus, Haß, Gewalt, es hat viele Namen; aber eigentlich ist die Sünde das.

Angesichts der Sünde, angesichts dessen, was sich dem Plan Gottes entgegenstellt, heißt es kämpfen, uns einzusetzen. Wir sehen im Fernsehen, was alles Schlechtes geschieht, und sagen: „Traurig! Mit der Welt geht`s bergab, schade." Nein! Nein! Ich werde mich einsetzen, damit die Welt nicht zugrunde geht. Ich werde dem entgegenwirken! Ich muß handeln. Sie alle, die Sie mir zuhören, Sie alle sind verpflichtet, sich zu engagieren. Man kann das Schauspiel der Welt nicht als Fernsehspiel betrachten! Wir sind Akteure und nicht Zuschauer. Alle haben wir eine Aufgabe, jeder einzelne! Das Böse, das wir sehen, muß für uns ein Anreiz zum Handeln sein, zur Veränderung der Welt, zum Reden und zum Kämpfen.

FRAGE 2: Muß man nicht zuerst sich selbst verändern, bevor man die Welt verändert?

BOULAD: Richtig, aber beides gehört zusammen. Man verändert die Welt, indem man sich selbst verändert. Und man verändert sich selbst, indem man die Welt verändert. Es gibt nicht gewissermaßen zwei Etappen, wo ich zuerst einmal einige Jahre darauf verwende, mich selbst zu verändern – und dann gehe ich zu Punkt zwei über: „Und jetzt kommt die Welt dran." Nein! Es ist ein ständiges Wechselspiel von Aktion und Reaktion. Jeden Tag muß ich um meine Gottesbeziehung und um meine persönliche Umkehr ringen, weil sich das Geschick der Welt, die Zukunft der Menschheit letztlich in der Tiefe meines Herzens entscheidet.

Das Schicksal der Geschichte spielt sich im geheimsten Ja oder Nein ab, das ich gebe, nicht auf dem Forum der Öffentlichkeit, bei Wahlen. Kohl, Chirac, Clinton, Klestil – ich ziehe meinen Hut vor diesen hohen Herren, aber die erste und letzte Entscheidung fällt auf der Ebene der Mystik. Die Zukunft der Menschheit spielt sich auf der mystischen Ebene ab und nicht auf der politischen. Ich bin mit Ihnen völlig einer Meinung; jede Frage führt eine neue Klärung herbei.

FRAGE 3: Überzeugung des Menschen und Wille Gottes prallen oft heftig aneinander.

BOULAD: Das ist normal! (Gelächter) Es ist normal, daß unsere Sichtweise und jene Gottes nicht sanft übereinstimmen. Deshalb habe ich auch von dem inneren Kampf gesprochen, den wir auszufechten haben. Wir müssen kämpfen. Aber wir sollten auch nicht voreilig glauben, die göttliche Wahrheit in der Westentasche zu haben. Nicht vorschnell glauben, daß ich die Absicht Gottes kenne (Gelächter), während die armen Kerle rund um mich im Dunkeln tappen. Es gibt vielleicht – vielleicht – eine ganze Menge Leute in meiner Umgebung, die mir bei der Wahrheitsfindung helfen können. Der große Plan ist nicht allein in Gottes Wort und Schrift niedergelegt; er ist auch eingeschrieben im Wort der Menschen rund um mich, im Diskurs im Fernsehen, im Hörfunk, in den Zeitungen, in Büchern und Gesprächen.

Den Plan Gottes ausfindig zu machen, hinter das Geheimnis des Königs zu kommen bedeutet auch ein Hinhören auf seine Zeichen, d. h. die Zeichen der Zeit. Hellhörig sein für alle Zeichen! Die Zeichen der Zeit unterscheiden. Die römisch-katholisch-apostolische Kirche hat allzu lang geglaubt, die Wahrheit gepachtet zu haben. Auf dem Zweiten Vatikanum hat sie aber zu erkennen gegeben, daß sie sich für die Zeichen der Zeit interessiert und daß sie zustimmt, daß ihr die Welt auch etwas mitzuteilen hat; daß sie von andern etwas empfangen kann und nicht nur fortwährend geben und alles genau erklären soll (starker Applaus).

FRAGE 4: Ich stimme Ihnen zu: Die Zukunft liegt in der Mystik und nicht in der Politik. Danke, Pater Boulad! Ist das dann das Höchste und Letzte?

BOULAD: Die Gefahr der Mystik besteht darin, daß man auf der Ebene der Mystik stehenbleibt. Aber jede wahre Mystik mündet ins Politische. Im Französischen unterscheidet man zwischen der Politik (la politique) und dem Politischen (le politique). Auf englisch sagt man „politics" und „policy". Politik ist der engere Begriff und bezieht sich auf das, was die Politiker tun; das Politische ist weiter gefaßt und betrifft alles, was die Gemeinschaft angeht. Sie kennen Platon. Nachdem er Betrachtungen über die Vorstellungen angestellt hat, über das Gute, die Sonne usw., betritt der Philosoph neuerlich die Höhle, um konkret vom Menschen zu sprechen. Man kann nicht unverbindlich über das Gute nachdenken und es dabei bewenden lassen. Eine Mystik, die nicht zur Politik wird, ist eine Mystik der Ausflüchte und damit eine falsche Mystik. Die Mystik muß ein Engagement zur Folge haben, sie muß sich in

Aktion verwandeln. Andererseits ist eine Aktion, die nicht von der Mystik gestützt und genährt ist, bloßer Aktivismus, ein bloßer Durchzug!

FRAGE 5: Pater Boulad, die Priesterausbildung müßte sich aber ganz schön ändern, um Ihren Vorstellungen zu entsprechen! (Gelächter)

BOULAD: Sie muß sich ändern in zwei Richtungen. Zuerst heißt es beim Priester die mystische Dimension zu entwickeln. Die spirituelle Tiefe zuerst! Und dann gilt es, die Ausbildung einem „aggiornamento“ zu unterziehen. Das Zweite Vatikanum ernstnehmen! – Das Zweite Vatikanum ist bisher nicht genügend durchgeschlagen. Das Zweite Vatikanum, das sind nicht nur Texte, das ist ein neuer Geist, das ist eine große Perspektive, das ist eine andere Orientierung, das ist eine positive Betrachtung der Welt, des Menschen, der Geschichte, unserer Epoche. Der Geist von „Gaudium et spes“ (Freude und Hoffnung)! Ohne mystische und spirituelle Dimension ist jede Priesterbildung wertlos; an zweiter Stelle aber kommt dieser Blick auf die Welt, der sich ändern muß. Ich predige hier nicht Dinge, die außerhalb der Kirche liegen, sondern ich sage, was die Kirche auf ihrem letzten Konzil verkündet und kundgetan hat. Freilich haben viele den Eindruck, als sei man dabei, kehrtzumachen in Richtung Vatikanum Eins oder Null. (Gelächter/Applaus)

FRAGE 6: Ich halte eine persönliche Gottesbeziehung an erster Stelle für notwendig, um meinem Nächsten dienen zu können, sonst geschieht gar nichts.

BOULAD: Was Sie sagen, ist sehr wichtig. Ohne persönliche Gottesbeziehung löst sich das soziale Handeln nach und nach im rein Humanitären auf, im rein Philanthrophischen, und verliert seinen Absolutheitscharakter. Es ist das Absolute Gottes, das das Absolute des Menschen rettet. Aus diesem Grund ist es, trotz allem, was ich Ihnen bisher gesagt habe, unverzichtbar, Gott seinen Platz zu belassen, weil er sonst Gefahr läuft, sich aufzulösen und zu relativieren. Die Aufgabe der Kirche ist es, den Aspekt der Transzendenz hochzuhalten. Sie soll zwar auf dem Aspekt der Immanenz beharren, aber wenn man diesen Aspekt der Immanenz einseitig überbetont, verflüchtigt sich die Transzendenz und verschwindet. Das, was das Absolute im Menschen sicherstellt, ist das Absolute in Gott. Gerade wenn er Gott als absoluten Bezugspunkt hat, wird der Mensch unablässig emporgehoben. Wenn hingegen dieses Gespür für Gott verlorengeht, verliert sich auch das Gespür für den Menschen.

Das Absolute im Menschen liegt nicht offen zutage, weil alles in uns relativ ist. Ein Leib, ein Gesicht, Schwächen und Stärken: Der Mensch als Erscheinung ist ein relatives Wesen. Das Absolute im Menschen wird erst im Akt des Glaubens erkennbar. Und wenn er nicht vom Glauben an Gott als das Unzerstörbare und Absolute getragen ist, der diese Dimension des Menschen sichtbar macht, wird der Mensch sehr rasch auf ein Bündel von Nerven, Wasser, Blut und Organen reduziert. Er verliert seinen von Gott geheiligten Charakter. Es ist Gott, der den Menschen vor der Haltlosigkeit, vor der Bedeutungslosigkeit bewahrt. Die Gefährdungen unseres Zeitalters – man denke an Abtreibung, Euthanasie und die Geringschätzung andersfarbiger Rassen – sind die logische Folge eines gewissen Verlusts des Gottessinns. Der Verlust des Sinns für Gott zieht den Verlust des Sinns für den Menschen nach sich.

Warum kommt vor dem Neuen Testament das Alte? Warum hat Gott nicht gleich mit dem Neuen Testament begonnen? Weil das Alte Testament mit seiner zentralen Entdeckung der Transzendenz Gottes auf dem Sinai notwendig war, um dem Menschen zunächst diese Gotteserfahrung zu vermitteln.

Wenn es nicht die Erfahrung des Alten Testaments gegeben hätte, hätte das Neue Testament in dieser Kraft nicht greifen können. Gott mußte sich zuerst im „Mysterium tremendum" als Gott zeigen, wie Rudolf Otto, ein protestantischer deutscher Theologe (1869–1937), gesagt hat, damit man sagen könne: „Oh, es ist dieser Gott, der im Menschen ist." Auf diese Weise fügt sich das Alte Testament sinnvoll in die Heilsgeschichte ein.

FRAGE 7: Glauben Sie an die Prädestination, die Vorherbestimmung?

BOULAD: Den Ausgang der Geschichte vorherzusehen ist etwas anderes als Glaube an ein unentrinnbares Schicksal. Gott kennt zwar unsere Zukunft, aber er bestimmt sie nicht voraus. Er sieht sie nur voraus, er sieht sie kommen, gemäß unseren eigenen Entscheidungen. Nehmen Sie mein deutsches Buch über die Freiheit zur Hand – „Ordne deine Tage in Freiheit" (3. Aufl. 1997) –, dieses orangefarbene Buch, das auch in vielen anderen Sprachen existiert, auf italienisch, portugiesisch, dänisch, ungarisch, tschechisch etc. Ich versuche in ihm zu erklären, wie Gott die Zukunft zwar kennt, sie aber nicht plant. Er kennt sie gemäß den Entscheidungen, die wir selber treffen, weil er uns kennt. Nicht seine Kenntnis bestimmt unser Handeln, sondern unser Handeln bestimmt seine Kenntnis.

FRAGE 8: Gott ist aber doch nicht nur in den Kranken und Elenden gegenwärtig, sondern in allen Menschen, auch in den Glücklichen!

BOULAD: Gott ist in jedem Menschen, auch im glücklichen. Aber da wir heute insbesondere vom sozialen Handeln sprechen, habe ich es vorgezogen, den anderen Aspekt zu unterstreichen. Es ist leicht, Gott im normalen, interessanten, schönen, intelligenten Menschen zu sehen, um vieles schwerer ist es aber, ihn im behinderten Menschen zu sehen, dessen physische oder geistige Fähigkeiten schwach sind. Es ist leicht, Gott in einem entzückenden Kind, in einem jungen Mädchen zu sehen. Unendlich schwerer ist es, ihn in einem entstellten Menschen zu erkennen, in einem Greis, der den Speichel verliert, der sich beschmutzt, der schwer hört oder übel riecht. An dieser Stelle verlangt der Glaube ein Absehen von der äußeren Erscheinung, ein Hintersichlassen der Natur und der Spontaneität. Vielleicht habe ich aus diesem Grund heute stärker auf der verborgenen Gegenwart Gottes im kranken, behinderten oder seelisch leidenden Menschen bestanden.

Die große Gefahr der Sozialarbeit besteht im Funktionärswesen. So wie Eugen Drewermann von den Klerikern spricht, den „Funktionären Gottes“, so gibt es auch Funktionäre des Sozialbereichs. Man läuft von einem Platz zum andern, man betätigt sich sozial. Man verrichtet brav seine Arbeit, bis die Sperrstunde schlägt, und dann läßt man die Spachtel fallen und empfiehlt sich. (Gelächter) Soziales Wirken, christlich gelebt, ist Aufmerksamkeit für den Menschen. Es ist mehr als Funktion und Funktionärstüchtigkeit. Da ist die Seele einzubringen, ein bestimmter Blick, eine bestimmte Aufmerksamkeit, eine reale Empfindsamkeit. Der Kranke lechzt weniger nach einem Glas Wasser als nach der Art und Weise, wie man ihm das Wasser reicht, nach einem Lächeln, das es begleitet, nach einem Herzen …

GUTES TUN ODER GUT SEIN?

Vortrag „Mystische Erfahrung und soziales Engagement", gehalten vor Mitarbeiterinnen und Mitarbeitern der Caritas und der Emmaus-Gemeinschaft in Sankt Pölten (Niederösterreich) am 22. Mai 1995

Indien im Jahre 1980. Ich war in ein Dorf gekommen, und man hatte mich mit einem Advokaten bekanntgemacht. Den Vormittag verbrachte dieser bei Gericht oder in seinem Anwaltsbüro – seine Nachmittage und seine Abende verwendete er auf das Studium von Dossiers über Personen, die sich aus zweifelhaften Gründen im Gefängnis befanden. Dieser Inder widmete seine gesamte Freizeit freiwillig, ohne irgendeine Entschädigung, einem zusätzlichen Aktenstudium, weil viele dieser Leute ohne Begründung ins Gefängnis geworfen werden und dort langsam zugrundegehen, weil sie niemanden haben, der sich für sie einsetzt. Niemanden interessieren diese Menschen. Sie kennen ja den Rhythmus der Gerichtshöfe, es kann endlos dauern, bis man nach fünf, sieben, acht, zehn Monaten oder Jahren feststellt, daß der gute Mensch unschuldig war. Dieser Anwalt kniete sich in jede einzelne dieser Unterlagen hinein, und es gelang ihm, Dutzende von unschuldigen Personen freizubekommen.

Nicht die Caritas hat diesen Mann darum gebeten, sich der Gefangenen anzunehmen. Niemand. Aus eigener Initiative hat er sich gesagt: „Da sind diese hilflosen Menschen, die keine Mittel haben, um einen Anwalt zur Verteidigung ihres Falles zu bezahlen, und da bin ich mit meiner Freizeit und mit meinen juristischen Kenntnissen." Aus eigener Wahl, frei und spontan, hat er tief in sich eine Verantwortung verspürt und entsprechend gehandelt. Wir warten in unserem Leben oft darauf, daß uns jemand entzündet: „Tu dies! Tu jenes!" Nicht immer auf einen Auftrag warten! Selbst bemerken, daß ich die Freizeit, über die ich verfüge, statt sie vor dem Fernseher zu verbringen – was keine Sünde ist –, zur Rettung von Menschen verwenden kann. Verantwortungsgefühl und Initiative – das ist der erste Punkt, den ich festhalten möchte, denn allzu oft warten wir darauf, bis jemand anderer die Kugel für uns anstößt.

Ein zweiter Punkt, den ich stark unterstreichen möchte, ist, daß der Mann ein Hindu war. Er war kein Christ, er war nicht getauft. Was aber soll das heißen: Er war kein Christ? Was ist überhaupt ein Christ? Wir haben diesbezüglich sehr enge Ansichten. Ein Christ ist jemand, der getauft ist, der in die Matriken des Herrn Pfarrers eingetragen ist, der in der Diözesanstatistik aufscheint. Soviele Christen, soviele Getaufte. Ich habe da andere Vorstellungen: Ein Christ ist jemand, der Nächstenliebe übt, der die Liebe lebt, mag er nun getauft sein oder nicht. Er ist getauft in seiner Nächstenliebe, und die Nächstenliebe ist das Leben Gottes. Bevor es noch durch das Wasser der Taufe auf uns kommt, kommt das Leben Gottes durch dieses Überfließen des Geistes in uns, das uns zur Hilfeleistung drängt, das uns zum Lieben bereit macht. Gandhi war ein Christ; nicht getauft nach unserer Vorstellung, aber ein Christ! Auch dieser hinduistische Anwalt war ein Christ, weil er gespürt hat, daß er nicht umhin kann, seine Lebenszeit hinzugeben, sich zu verschenken, um diesen bedrängten Menschen beizustehen. Sind wir solche Christen?

Während unseres langen Gesprächs hat der Advokat einmal wahllos in den Aktenberg hineingegriffen und ein Aktenbündel zur Hand genommen. Dabei hat er einen Satz gesagt, der mich erschüttert hat: „Dieses Dossier ist ein Mensch! Ein Mensch. Und eine Familie hinter ihm. Ein Mann hinter Gittern. Ein blutendes Herz, ein Drama.“ Hinter diesen Papieren erblickte er eine menschliche Tragödie. Ich erzähle Ihnen das, weil auch Sie, die Sie in Büros mit Papieren und Aktenbergen hantieren, wissen, daß hinter alledem Wesen aus Fleisch stehen, Familiendramen, Ängste und Erwartungen.

Wir wissen gar nicht, was Unsicherheit bedeutet. Wir haben unser Heim und halten das für normal. Aber was ist mit dem, der kein Heim hat? Wir haben unser Bett und halten das für selbstverständlich. Aber was ist mit dem, der kein Bett hat? Wir haben zu Hause Warmwasser und Heizung. Was aber ist mit dem, der friert? Wir haben den Kühlschrank randvoll. Aber was ist mit dem, der abends mit leeren Taschen heimkommt und seine Kinder ernähren soll, die ihn schon mit den Worten „Papa, ich hab Hunger“ erwarten? Wir wissen nicht, was es bedeutet, Hunger zu haben und am 15. für den Rest des Monats nur mehr ein paar Schilling zur Verfügung zu haben. Wir kennen die Unsicherheit nur vom Hörensagen.

Ganz besonders wird von uns sozial Engagierten gefordert, hinter unserer bürokratischen Aktivität, die gewiß sehr wichtig ist, das dahinterliegende Drama zu spüren; zu versuchen, das Menschliche mitzuleben, das sich hinter diesen Akten verbirgt; mit dem vor uns Stehenden und nicht selten Weinenden Gemeinschaft zu haben; Gemeinschaft haben ist das, was man die Empathie nennt, vom griechischen em-pathein, innerlich leiden, mitleiden, mitsein.

Dieses Gemeinschaftsgefühl, diese Einfühlung ist oft wichtiger als alle materielle Hilfe, die wir anbieten. Daß sich die vor Ihnen stehende Person verstanden fühlt, ein aufmerksames Ohr findet, ein Interesse für ihre Probleme. Es ist wie in der Medizin. Ich weiß nicht, ob sich unter Ihnen Ärzte befinden. Aber es gibt zwei Arten von Ärzten: den Arzt, der nur Rezepte schreibt, und den Arzt, der zuhört. Wichtiger als das Medikament, das man ihm in die Hand drückt, ist für den Kranken oft der Umstand angehört zu werden, verstanden zu werden. Oft besteht das Heilmittel gerade in der geduldigen Anhörung des Patienten, im Zeitschenken, im Verständnis, das der Arzt ihm entgegenbringt.

In der Sozialarbeit ist es oft genauso. Die Person vor Ihnen hat zuerst einmal das Bedürfnis, sich als Person angenommen zu fühlen. Sie will kein „Fall“ sein. Sie übernehmen nicht Fälle, sondern Menschen. „Heute früh habe ich einen Sozialfall.“ Nein! Vor Ihnen steht kein Sozialfall, sondern eine Person, ein leidendes, geängstigtes Wesen. Bürokratische Nächstenliebe ist furchtbar: Nächstenliebe, die sich in Administration verwandelt, von der Wiege bis zur Bahre Formulare, Formulare. Nein, danke! Halten Sie inne und schauen Sie der Person in die Augen! Schauen Sie sie an! Schneiden Sie nicht gleich eingangs das Wort ab: „Ja, ich kenne Ihr Problem, Sie brauchen nicht weiterzureden.“ Nein! Selbst wenn der Arzt die Krankheit und sämtliche Symptome längst kennt, hört er dem Kranken geduldig zu. Das Aussprechen ist wichtig.

Einem Leib eine Seele eingeben, dieser Struktur, die wir Caritas nennen, eine Seele eingeben! Unserem Handeln eine Seele eingeben! Das Wichtigste ist die Seele, ist der Geist.

Auch die gute Organisation ist für mich wichtig. Aber noch wichtiger ist der Geist unserer ägyptischen Caritas, die Seele, die Qualität der Beziehungen zwischen den Angestellten untereinander und mit den Begünstigten. Wir müssen uns fragen: Hat die Caritas in unserer Diözese eine Seele, hat sie einen Geist? In bezug auf diese Prioriät ist alles andere zweitrangig. – Der indische Dichter Rabindranath Tagore (Christ) hat einmal in bezug auf die Verantwortlichen einer sozialen Organisation gesagt:

„Vor lauter Gutestun haben sie keine Zeit zum Gutsein.“

Hier wird`s katastrophal! Gutes tun heißt einen Dienst leisten, helfen. Das muß sein, es ist gut, es ist Ihr Job. Es ist die Mission der weltweiten Caritas. Aber man ist so sehr mit Wohltätigkeit befaßt, daß man keine Zeit mehr hat, um schlicht und einfach gut zu sein. Gutestun ist Handeln, Gutsein gehört in den Bereich des Seins. Gutsein – das bedeutet eine bestimmte Qualität der Gegenwart dem Nächsten gegenüber. Es ist, wie wenn der Mann heimkommt und zu seiner Frau sagt: „Da hast Du das Haushaltsgeld für den kommenden Monat.“ Raus aus der Tür. Nein. Noch vor den Geldscheinen hat die Frau ein Bedürfnis nach einigen lieben Worten, die sie begleiten. Oder die Frau ist so sehr mit dem Hausputz beschäftigt, daß ihr Mann seufzt: „Das genügt, jetzt laß ein bißchen Staub liegen, komm, bleib bei mir, laß uns plaudern.“ Beide gehen davon aus, daß das Wesentliche die Geschäftigkeit oder das Geld ist, damit es stimmt. Nein, es stimmt nicht. Das Wesentliche ist die An-wesenheit füreinander und die Qualität dieser Anwesenheit. Und bei unserer Sozialarbeit ist es genauso. Noch vor unserem sozialen Handeln ist von uns eine Befähigung zur Aufmerksamkeit gefordert.

Sie wissen, daß das Wort Caritas das lateinische Wort für Nächstenliebe ist. Das Wort Nächstenliebe wird manchmal fatal abgewertet, weil uns früher eingebläut wurde, wir müßten den Nächsten lieben, weil ihn Gott liebt, das heißt, der Nächste interessiert mich nicht als solcher, sondern ich liebe ihn um Gottes willen. Warum soll ich mich also für den armen Tropf interessieren und ihn anhören? Der Kerl ist nicht das eigentliche Ziel, das Ziel ist Gott. Die Nächstenliebe ist so zu einer Methode zur Erlangung der ewigen Glückseligkeit geworden, zur Fahrkarte mit Reisepaß. Man übt zwar Nächstenliebe, aber nur weil sie eine unumgängliche Formalität ist, um den Stempel für die Himmelfahrt zu bekommen. Wenn das unsere Nächstenliebe ist, wenn das unsere Art Caritas zu leben ist, dann gute Nacht.

Wir müssen in die Nächstenliebe unsere ganze Menschlichkeit hineinlegen und sollten nicht glauben, je weniger etwas menschlich ist, desto göttlicher ist es. Nein, je menschlicher, desto göttlicher! Beides gehört zusammen. In diesem Augenblick erfaßt Sie die Begegnung mit der Person voll und ganz, das heißt, ich bin nicht bloß physisch anwesend, sondern ich bin anwesend mit meinem ganzen Sein. Es gibt eine Ganzhingabe der Person, die für jede Begegnung unabdingbar ist. Jede Begegnung in ihrer Fülle leben, in ihrer Totalität, sich in den Kontakt als Ganzer oder als Ganze einbringen!

In der Sprache der Mystik heißt das Ekstase. Die Ekstase ist in der Mystik eine Erhebung des ganzen Wesens, eine Hingabe des ganzen Seins an Gott. Aber dieselbe Ekstase kann auch mit dem Menschen erlebt werden, mit der Person, die mir gegenübersitzt, Dieselbe Ekstase, die ich mit Gott erlebe, ist auch mit dem Menschen mystisch. Jede Ekstase ist mystisch – weil sie ein Heraustreten aus dem Selbst ist, ein Sich-Losreißen vom eigenen Ich; sie ist Liebe. Wer „selbstlose Liebe" sagt, sagt Mystik.

Und anstatt sich vorzustellen, daß Mystik in der Kirche stattfindet oder im stillen Kämmerlein, oder daß sie nur für Teresa von Avila oder Meister Eckhart oder einen indischen Guru ist, können Sie die Mystik in Ihrem Arbeitsalltag erleben, im Kontakt mit ihren Mitmenschen – wenn Sie zu diesem Heraustreten aus sich selbst fähig sind, zu dieser „ek-stasis". Das Wort kommt von zwei griechischen Wörtern, „stasis", das heißt Stehen, und „ek", das heißt heraus, weg. Ek-stasis. Der Akt der Ekstase, der mystische Akt schlechthin, kann mit Gott erlebt werden, aber auch mit dem Menschen. Die Erfahrung ist die gleiche, eine sehr, sehr tiefe geistliche Erfahrung, eine Selbstentäußerung, ein Sich-fallen-Lassen, Liebe im wahrsten Sinne des Wortes.

In unserer Zeit müssen wir eine neue Mystik erfinden. Wir müssen eine andere Mystik erfinden, weil die Mystik immer nur als eine exklusive Beziehung des Menschen zu Gott aufgefaßt wurde, als etwas für die Ordensfrauen und Ordensmänner, die Mönche in den Klöstern, auf den Bergen, in der Wüste. Gibt es aber nicht auch eine weltliche Form der Mystik? Eine Mystik für den Mann und die Frau, die in die Alltagsarbeit eingespannt sind wie Sie? Das ist es, was ich Ihnen heute vermitteln möchte. Um die Mystik zu leben, müssen Sie nicht in eine Klostergemeinschaft eintreten oder lange Stunden im Gebet verharren. Die Aktivität, die Sie leben, die Beziehungen, die Sie zu den Menschen haben, können in gewisser Hinsicht in derselben Qualität erlebt werden wie jene der großen Mystiker. Vielleicht erleben Sie das ohnehin? Vielleicht leben Sie es und wissen es nicht? Ich werde mich jetzt mit Ihnen genau in diese mystische Erfahrung im Herzen unseres sozialen Handelns hineinbegeben.

Wenn sich Gott im Alten Testament zeigen wollte, wählte er einen Berg. Der Sinai war ein Ort, an dem Gott sich zeigte. Ich lade Sie ein, nach Ägypten zu kommen und den Sinai mit eigenen Augen zu sehen, inklusive den angeblich noch lebenden Dornbusch. Er ist ein außerordentlicher Ort, ein Ort der Theophanie. Dieses Wort kommt von griechisch theós = Gott und phanein = erscheinen. Gott erscheint dem Mose. Die Erde bebt, alles ist in Aufruhr, der Berg raucht, und Gott macht sich dem Mose in einer Wolke bemerkbar, Mose sieht Gott nur indirekt. – Ein zweiter Berg ist der Tabor, auf dem sich Jesus als Gott in einer Theophanie zu erkennen gab, abermals auf einem Berg, um darauf hinzuweisen, daß der Gott, den er fleischgeworden verkörpert, derselbe Gott des Alten Testaments ist, der sich auf dem Sinai gezeigt hat. Der Berg Tabor des Jesus steht für den Berg Sinai des Mose.

Ein weiterer Ort, an dem sich Gott gezeigt hat, war der Berg Zion, auf dem das heilige Jerusalem erbaut worden war, denn die Juden dachten, das wäre der höchstheiligste Ort. Bis auf den heutigen Tag stellt Jerusalem für die Mehrheit der Monotheisten (Juden, Christen, Moslems) den Ort dar, an dem der Tempel Gottes errichtet worden war, weil auch hier diese Vorstellung vom Berg wirksam ist. Als Jesus in Samaria war, sagte die Samariterin zu ihm: „Ihr sagt, in Jerusalem sei die Stätte, wo man anbeten muß. Unsere Väter jedoch haben Gott auf diesem Berg, dem Berg Garesim, angebetet." Und Jesus antwortet:

> *„Glaube mir, Frau, die Stunde kommt, zu der ihr weder auf diesem Berg noch in Jerusalem den Vater anbeten werdet. Ihr betet an, was ihr nicht kennt, wir beten an, was wir kennen; denn das Heil kommt von den Juden. Aber die Stunde kommt, und sie ist schon da, zu der die wahren Beter den Vater anbeten werden im Geist und in der Wahrheit; denn so will der Vater angebetet werden. Gott ist Geist, und alle, die ihn anbeten, müssen im Geist und in der Wahrheit anbeten."* (Joh 4,20-24)

Die „Erscheinung" ist nicht länger an einen Ort gebunden, sie ist nicht länger an einen Berg gebunden, sie ist nicht länger an eine Erhebung gebunden. Christus lädt uns zu einer anderen Art von göttlicher Kundgebung und Offenbarung ein. Welche neue Bedeutung hat der Berg im Neuen Testament? Wissen Sie, warum die Leute geglaubt haben, der Berg sei der Ort der Erscheinung Gottes? Weil der Berg oben war und weil der Himmel oben war und weil auch Gott oben war. Der Berg ist also der Ort, der Gott räumlich am nächsten ist. Jesus fragt: „Wo ist der Ort Gottes, wo ist er? Wo ist der Tempel Gottes heute?" Wenn ich in unserer Zeit einen Platz suche, wo Gott mehr gegenwärtig ist als anderswo, wo ist das? In einem Tempel? In einer Kirche? Im Tabernakel? Nun denn, im Gesicht des Menschen! Der Ort, an dem Gott am gegenwärtigsten ist, das ist seit der Inkarnation Christi – der Mensch. Der heilige Ort schlechthin ist der Mensch. Umrunden Sie ruhig die Erde, machen Sie ruhig Raketenreisen zu anderen Sternen und Galaxien und suchen Sie den höchsten Punkt des Weltalls – wo Gott vielleicht am gegenwärtigsten ist, der heiligste Ort ist und bleibt der Mensch.

Ihre Sozialarbeit bringt Sie ja mit reichlich vielen Menschen in Kontakt. Das ist Ihre wunderschöne Arbeit. Aber oft geht man achtlos daran vorbei, ohne wirklich zu sehen, ohne zu fühlen, ohne zu verstehen. Denken wir an Jakob im Alten Testament. Er war an einem gewöhnlichen Ort und schläft ein. Da hat er einen Traum und sieht, wie ihm Gott erscheint und daß zwischen diesem Platz und dem Himmel eine Leiter ist, auf der die Engel auf- und niedersteigen. Er wacht auf und sagt zu sich:

„Wirklich, der Herr ist an diesem Ort,
und ich wußte es nicht." (Gen 28,16)

Dieser Ort ist heilig, und ich habe es nicht gewußt. Oft ist unser Kontakt mit den Menschen, die uns aufsuchen, ein rascher, oberflächlicher Kontakt, sodaß wir uns vor einer Theophanie befinden und achtlos an ihr vorübergehen. Warum? An dieser Stelle greife ich den Satz von vorhin wieder auf: „Es fehlt an einer wirklichen Anwesenheit." Nicht Gott ist es, der nicht gegenwärtig ist, sondern wir sind es, die nicht gegenwärtig sind. Ständig wird gefragt: „Wo ist Gott?" „Er ist hier. Aber du, du bist nicht da!" Nicht Gott ist abwesend, sondern du, du bist nicht in der Gegenwart.

Der Blick der Augen ist ein physischer Blick, wie der einer Kamera, die etwas aufnimmt. Aber es gibt noch einen anderen Blick, den Blick der Seele, den Blick, der von innen kommt. Das ist das, was ich den „den anderen Blick" nenne. Und dieser Blick hat nichts zu tun mit Sehproblemen und Sichtverstärkung, nein! Eine Person steht vor mir. Daß mein Blick tief in sie eindringe! In ihr Inneres! Ich mache mich auf und suche ihr Herz, bis ich an ihre Seele komme, ich tauche in die Person ein. Der wahre Blick geht von meinem Herzen aus, um an das andere zu gelangen. Die anderen Blicke sind nur photographischer Natur, sind nur Physik. Aber sehen ist Sache des Geistes. Sehen lernen! Wir müssen es verstehen innezuhalten, uns zu versenken, ins Innere einzutreten. Herr, gib mir Augen, die wirklich sehen!

Unsere Epoche hat die Fähigkeit zum Sehen fast ausgelöscht. Warum? Weil es Millionen Bilder gibt, die uns angeboten werden, von allem zuviel, vor allem die Fernsehbilder! Man hält das für Fortschritt, und so zappt man von einem Bild zum andern; auch wenn man eigentlich stehenbleiben möchte, keine Chance, da ist ein Trieb geboren! Alles muß schnell gehen. Kurzreisen im Superjet. Nichts hat man gesehen, nichts!

Aber das Sehen kann man lernen. Eine solche Schule des Sehens ist die Kunst. Wenn Sie die Kunst genießen wollen, gehen Sie nicht in ein Museum, denn dort gibt es erneut verwirrend viele Dinge. Nehmen Sie sich ein einzelnes Kunstwerk vor und schauen Sie es gründlich an. Mit Ihrer Seele! Lernen Sie in die Statue einzudringen, lernen Sie in das Werk einzutauchen. Und nach und nach werden Sie Ihr geistiges Sehvermögen, Ihre Fähigkeit zur Kontemplation entwickeln. Was ist Kontemplation? Kontemplation heißt innehalten, um das vor Ihnen Liegende in seiner Tiefe auszukosten. Kosten, „gouter" im Französischen – „to taste" im Englischen. Man versteht nur das, was man kostet, schmeckt. Es gibt einen spirituellen Geschmack, es gibt einen Geschmack der Seele. Und die Kontemplation ist dieser Geschmack der Dinge. Es tut uns heutzutage not innezuhalten und uns bei einer Detailbetrachtung aufzuhalten, bei einem einzigen Augenpaar. Und von dort ausgehend verfügen wir über diese Fähigkeit, die Ekstase zu erleben. Mystische Erfahrung.

Zur Konkretisierung des Gesagten ziehe ich noch einmal die Verklärung Jesu auf dem Berg Tabor heran. Denn dieses Ereignis kann auch unter dem Blickwinkel des Kostens und der Kontemplation interpretiert werden. Jesus war ständig mit seinen Aposteln zusammen, Tag und Nacht auf seinen Wanderungen kreuz und quer durchs ganze Land. Und dann wird erzählt, daß Jesus eines Tages auf dem Berg Tabor drei Aposteln, Petrus, Jakobus und Johannes, erschien. Er sah plötzlich anders aus, überirdisch hell, und die Apostel waren erschüttert angesichts dieser Erscheinung Christi, den sie für einen gewöhnlichen Menschen gehalten hatten und der sich nun mit einem Schlag in seiner Göttlichkeit offenbarte. Was ist da geschehen? Ist wirklich Christus verklärt worden? Oder sind es die drei Apostel, die erleuchtet wurden? Hat sich Christus verwandelt? Oder haben die drei Apostel sein wahres Wesen erkannt? Ich lasse Ihnen zwischen der einen Annahme und der anderen die Wahl.

Ich selbst habe mich für die zweite Hypothese entschieden. Jesus war derselbe, der er immer war, aber die Apostel haben einen mystischen Augenblick der Ekstase erlebt und die äußere Erscheinung hinter sich gelassen, um Gott zu erkennen, der in diesem Menschen verborgen war. Die Erfahrung vom Berg Tabor war in erster Linie eine innere Erfahrung. Ich erzähle Ihnen diese Geschichte, denn Jesus heute, das ist der arme Kerl, der auf dem Bahnhof lungert, der zu tief ins Glas geschaut hat, der unter Drogen auf einer Parkbank liegt, der nicht aus und ein weiß und Ihnen deshalb etwas vorlügt, um zu einer Caritasspende zu kommen. Er ist dieses x-beliebige, gewöhnliche menschliche Wesen. Und die Erfahrung vom Tabor erneuert sich jedes Mal, wenn wir in der Gewöhnlichkeit eines Menschen hier in Sankt Pölten die Glorie Gottes zu entdecken vermögen. Die Erfahrung des Mose auf dem Sinai, die Erfahrung von Petrus, Johannes und Jakobus auf dem Tabor – das ist genau das, was ich „den anderen Blick" nenne und den ich Ihnen von Herzen wünsche.

Ich schließe mit einer Meditation, um das Gesagte zu verinnerlichen und im Gebet noch einmal zu erleben.

MIT DEN AUGEN DES HERZENS SEHEN

Herr, gib mir den anderen Blick,
und nimm von mir
den eiligen, oberflächlichen,
der die Erscheinungen nur flüchtig streift,
gib mir den Blick, der es versteht
ins Innerste vorzudringen
und dort einzutauchen,
um das Herz des andern zu erreichen.
Deine verborgene Gegenwart finden
im Herzen des kleinsten, erbärmlichsten
und undurchsichtigsten meiner Menschenbrüder.
Deine aufleuchtende, blendende Anwesenheit spüren,
indem Du Dich mir heute zeigst,
wie Du Dich einst gezeigt hast
auf den Bergen Sinai und Tabor.
Schenk mir diese Gnade des Sehens,
des Sehens jenseits der Erscheinung,
des Sehens dessen, was den Augen unsichtbar ist,
schenk mir die mystische Erfahrung des Sehens,
die allein die Wirklichkeit zeigt.
In dieser Ekstase entdecke ich Dich,
den lebendigen Gott,
den Gott mit pochendem Herzen
in den Menschen,
besonders in den Schwachen, den Gepeinigten,
den Verlorenen, die zu mir kommen.

Amen.

DISKUSSION

FRAGE 1: Um den anderen anzunehmen, wie er ist, und gut zu ihm zu sein, muß man zuerst einmal lernen, sich selbst anzunehmen … aber die Kirche unterstreicht diesen wichtigen zweiten Aspekt kaum. Das nervt mich.

BOULAD: Das soziale Wirken, in dem Sie engagiert sind, setzt natürlich voraus, daß man sich selbst gefunden und sich selbst angenommen hat, ja, daß man sich selbst liebt, um es den anderen weitergeben zu können. Wenn es mir persönlich gelingt, den anderen zu helfen, so deshalb, weil ich einen persönlichen Weg hinter mir habe, der mir erlaubt, vieles in der Tiefe meines Inneren zu verstehen. Ich meine, das eigene, persönliche und das aktive, äußere Leben, das Leben des Sozialengagements, sind sehr, sehr eng miteinander verbunden.

In sich selbst den Pol der Innerlichkeit zu entwickeln bildet eine wesentliche Voraussetzung, um ein soziales Engagement in der Tiefe zu leben. Aus diesem Grund ist es für Sie unerläßlich, neben der Tätigkeit bei der Caritas regelmäßig geistliche Treffen zu haben, eine Bibelrunde, eine Meditations- oder Gebetsgruppe, der Sie angehören als eine geistige Tankstation, damit sich Ihre Tätigkeit nicht im Administrativen erschöpft. Bei meinen Caritas-Angestellten in Kairo und Alexandria achte ich sehr stark darauf, daß zumindest im Führungskreis jeder einer Gruppe angehört, den „Focolari“, einer Gebetsgruppe, einer charismatischen Gruppe, die für ihn ein Kraftschub ist, eine frische Quelle zur Regeneration und zum Tanken aus der Tiefe.

Der andere Aspekt ist das Erlernen des Gutseins. Es ist richtig, um gut zu sein, muß man lernen sich selbst zu lieben. Man liebt, weil man geliebt worden ist. Aber manchmal liebt man gerade deshalb, weil man nicht geliebt worden ist!

Manchmal wird man, weil man zu sehr geliebt worden ist, zum Egoisten, in sich selbst verkapselt. Jemand, der nicht geliebt worden ist, kann entweder sein Herz verhärten oder aber im Gegenteil einen Anlauf nehmen und sagen: „Ich, dem die Liebe versagt geblieben ist, werde selber Liebe schenken!“ Ich kenne solche Menschen. In sich selbst die Quellen der Liebe freilegen und zum Sprudeln bringen, die einem selbst verschlossen geblieben sind, die aber in unserer Tiefe existieren! Wir sind nicht Gefangene unseres Schicksals. Es steht dem Menschen immer frei, sein Leben gleichsam zu erfinden, sei es nun, daß man ihn mit Liebe überschüttet hat, sei es, daß man ihm die Liebe vorenthalten hat – man kann immer die Liebe leben, weil der Geist immer in einem ist und die Liebe immer in uns lebt – immer im „Bereitschaftsdienst“.

FRAGE 2: Wir Angestellten der Caritas sind mit unserer Altenarbeit überlastet, wir haben z. B. für persönliche Gespräche mit den Senioren nicht viel Zeit, wie das die Direktion des Heims fordert. Ein Dilemma.

BOULAD: Sehen Sie, das Hauptproblem der Personen im sogenannten Dritten Alter, von denen Sie sprechen, ist die Einsamkeit. Und wenn eine Heimverwaltung darauf hinweist, wie wichtig es ist, mit den Senioren zu reden, so sollte das auch geschehen. Diese Menschen haben nicht nur das Bedürfnis, daß man mit ihnen redet, sondern vor allem, daß man ihnen zuhört, weil alte Menschen gern aus ihrem Leben erzählen. Sie schwelgen in Erinnerungen - vieles sehen sie verklärt, wollen es mit jemandem teilen. Und es ist nicht leicht, ihnen geduldig zuzuhören, wenn sie ihre immer wiederkehrenden Geschichten erzählen, achtmal dieselbe! ... Das auszuhalten und zu leben ist aber ein wirklicher Akt tiefer Nächstenliebe.

Wir stehen heute oft vor diesem Dilemma, denn wir sind mit Arbeit voll eingedeckt. Wenn Sie ein bis zwei Stunden mit einem Menschen intensiv verbringen, ist das gut, aber es gibt vielleicht noch andere, die danach lechzen. Wichtige Frage: Wer braucht mich am meisten?, denn manche Menschen sind so vereinnahmend, daß sie imstande sind, Sie ganze Stunden, ganze Tage in Beschlag zu nehmen, während andere auf Sie warten. Da gilt es eine Entscheidung zu fällen, die nicht einfach ist. Man kann nicht sagen: Da derjenige mit mir sprechen will, bleibe ich jetzt bei ihm. Nein, man muß sich das genau ansehen. Die Nächstenliebe dispensiert nicht von der Pflicht zu Reflexion und Unterscheidung.

Leider haben wir oft nicht die Zeit, um uns bestimmten Personen ausreichend zu widmen. Aber wir können die Quantität durch Qualität ausgleichen. Man kann seine ganze Anwesenheit in eine Begegnung hineinlegen und damit geben, was man an Dauer nicht wird geben können. Wir sollten nicht glauben, daß wir den Kranken, den Menschen, um die wir uns kümmern, stundenlanges Zuhören widmen müssen; die Qualität unserer Aufmerksamkeit und unserer Anwesenheit kann den Mangel an Zeit kompensieren.

FRAGE 3: Welche Aufgabe hat nach Ihrer Meinung die Caritas für die Welt? Soll sie Modellinstitutionen schaffen oder übt sie eine Pilotfunktion für unsere heutige Gesellschaft aus?

BOULAD: Ich meine, wir sollten sehr ehrgeizig sein, die Caritas groß sehen und von ihr eine hohe Meinung haben. Die Caritas muß den großen Problemen der heutigen Gesellschaft entsprechend groß entworfen werden. Ich werde Ihnen drei Richtlinien angeben: – Die erste, von der ich bereits gesprochen habe, ist die menschliche, geistige Dimension, jene des seelischen Beistands, der Intensität, des Kontakts mit den Menschen – also die Qualität. – Die zweite Richtlinie: Die praktische Dimension, Projekte realisieren, viel tun. Es ist offensichtlich, daß zwischen den beiden ein Zusammenhang besteht. Courage! Optimismus! - Die dritte Dimension würde ich die politische nennen, das heißt, auf die Regierung und die gegebenen Strukturen einwirken, um diejenigen zu sensibilisieren und einzuspannen, die das tun sollen, was sowieso ihre Pflicht wäre. Denn es gibt auch den Staat, der seine Verantwortung hat, und es gibt auch noch andere Organisationen, die für die Hilfeleistung in Frage kommen. Also ein Handeln auf politischer Ebene, um jene zu beeinflussen und in Bewegung zu setzen, die uns bei der Lösung der Probleme, mit denen wir ringen, unterstützen können. Drei Dimensionen also. Und ich glaube, daß die drei parallel laufen müssen.

Vor zehn Tagen war ich in Rom bei der 15. Generalversammlung der Caritas Internationalis unter unserem brasilianischen Präsidenten Alfonso Felippe. Wir waren 144 Verbände der Weltcaritas, und ich habe dort zu dem Thema gesprochen, wie ich mir die Politik der Caritas für die Zukunft vorstelle. Bei der Erstellung des Arbeitsplans für die nächsten vier Jahre, bei der Festlegung der Fährten, habe ich sehr gern mitgewirkt. Ich werde Ihnen zwei Fährten angeben, in denen ich die Caritas Internationalis beeinflussen konnte. Eine erste Fährte betrifft die Region Naher Osten und Nordafrika, deren Präsident ich bin, und hier sollte man sich mit den Ursachen der Armut beschäftigen. Mit den Ursachen! Denn die Caritas hat immer die Tendenz, die Auswirkungen der Armut in einem weiten Spektrum anzugehen – Hunger, Kälte, Wohnungsnot, Flüchtlingselend. Das ist auch recht so. Aber was sind die Ursachen? Was steht hinter der Misere auf dem Wohnungs- und Ernährungssektor? Warum gibt es all diese Probleme? Warum? Ich will also, daß sich die Caritas viel stärker mit den Ursachen als mit den Auswirkungen beschäftigt, mit den Wurzeln der Armut. Die Ursachen sind oft politischer und nicht wirtschaftlicher Natur.

Daher habe ich verlangt, daß sich die Caritas Internationalis in Rom und die Caritas-Organisationen in den verschiedenen Ländern der Welt stärker für den politischen Aspekt ihres Sozialengagements interessieren und in das einsteigen, was man heute auf englisch „Lobbying action" oder „advocacy" nennt – das heißt, die Strukturen verändern wollen, auf die Entscheidungsträger einwirken, die öffentliche Meinung beeinflussen, zu den Ursachen vorstoßen, die ja von Menschen gemacht sind. Die Geschichte der Caritas hat begonnen mit Erster Hilfe – „number one"; in der Folge ist sie übergegangen zur Rehabilitation – „number two"; dann ist man auf den Entwicklungsdienst gekommen – „number three"; und jetzt sage ich „number four", das muß die politische Aktion werden, um auf die Ursachen einzuwirken. Die Rolle der Caritas darf nicht mehr nur die von Feuerwehrleuten sein, die Brände löschen, sondern eher die von Brandschutzexperten, die Entwicklungen vorhersehen, geeignete Maßnahmen zu ihrer Abwehr vorschlagen und sich mit den Ursachen von Feuern in einer politischen Aktion beschäftigen. Das ist jetzt Gott sei Dank in den Arbeitsplan der Caritas Internationalis aufgenommen worden.

Und ich füge noch eine Idee auf derselben Linie hinzu: Wenn Sie auf die Ursachen einwirken wollen, auf die Politik, so setzt das voraus, daß Sie eine Vision von der Gesellschaft haben, in der Sie leben. Eine Vision von Österreich, eine Vision von Europa, eine Vision der Welt, eine Vision der Wirtschaft, eine Vision der Entwicklung, eine Vision der Politik. Und diese Vision setzt wiederum eine Reflexion voraus, Studium, Diskussion, Lektüre. Soziales Handeln besteht nicht bloß darin, den Armen etwas zu geben. Soziales Handeln lädt Sie jetzt ein, über die Gesellschaft nachzudenken, in der Sie sich befinden. Warum kommen so viele Menschen nach Österreich? Warum gibt es überhaupt diese Wanderungsbewegungen auf der Welt? Warum leben so viele Türken in Deutschland, warum soviele Nordafrikaner in Frankreich, warum so viele Ex-Jugoslawen in Österreich? Warum gibt es Arbeitslosigkeit? Warum herrscht Wohnungsnot, während viele Luxuswohnungen leerstehen? Warum? Welche Art von Regierung wollen wir? Welche Art von Europa wollen wir? Es ist eine Einladung an Sie, nicht allein auf der Ebene des Handelns zu bleiben – Aktion, soziale Aktion –, sondern weiterreichende Überlegungen anzustellen. Es gibt eine Verpflichtung für die Caritas, die Probleme zu untersuchen. Und jede Reflexion setzt eine globale Sicht der Welt voraus.

Ich bin gerade dabei, ein Buch von Richard Nixon, dem Expräsidenten der Vereinigten Staaten, zu lesen, „Beyond Peace“ (Jenseits des Friedens), erschienen 1994 in New York. Ich bin erst bei der Mitte angelangt, weil ich nicht viel Zeit habe. Aber Richard Nixon hat als Politiker eine sehr interessante Vision der Welt. Wir dürfen nicht nur Bücher über Spiritualität und Mystik lesen, sondern auch Bücher über Politik, denn das betrifft die Zukunft des Menschen.

FRAGE 4 (gestellt von Pater Boulad): Und jetzt werde einmal ich Ihnen eine Frage stellen: Was ist Ihrer Meinung nach das größte soziale Problem in Österreich?

(Lebhafte Reaktionen in der Zuhörerschaft, zahlreiche Antworten)

ZWISCHENMENSCHLICHE PROBLEME

- *Einsamkeit und Isolation*
- *Kommunikationsschwäche, Sprachverlust*
- *sich nicht mehr dem Nächsten öffnen können*
- *maßloser Individualismus*
- *Schwierigkeiten mit dem Teilen*
- *Verhärtung der Herzen infolge materiellen Wohlstands*

- *existentieller Streß*
- *Mangel an Verantwortung*
- *Mangel an persönlichen Initiativen und Ideen*
- *physische und psychische Gewalt in den Familien*
- *wachsende Anzahl betagter Menschen*

Na, da haben Sie einen schönen Problemkatalog. Da ist der Finger auf sehr, sehr wichtige und wirkliche Fragen gelegt worden, Ihre Gesellschaft betreffend. Was aber ist jetzt zu tun? Ich schlage Ihnen vor, die Probleme dieses Katalogs einzeln durchzugehen und zu fragen: „Entspricht das, was die Caritas tut, diesem oder jenem Problem, ja oder nein?" Und Sie werden bemerken, daß die Caritas sich für bestimmte Dinge engagiert, die an den wahren Problemen vorbeiziehen, und daß es andererseits knallharte Probleme gibt, wo die Caritas untätig bleibt. Was ich Ihnen vorschlage, ist eine Reflexion, eine Bewertung: Was tun wir bei der Caritas? Und wo liegen unsere Einsätze? Mangelt es seitens der Caritas an Vorstellungskraft? Mangelt es an Geldmitteln? Mangelt es an Personal? Woran mangelt es? Und ich stelle die Frage: Was wäre Ihrer Meinung nach zu tun, um den Herausforderungen, die Sie signalisiert haben, zu begegnen?

Ich für meinen Teil glaube sehr stark an die Medien – Hörfunk, Fernsehen. Machen Sie bei Ihrer Sensibilisierungskampagne angesichts von Problemen wie diesen von der Schiene der Medien ausreichend Gebrauch? Macht die Caritas Österreich sich die Medien dienstbar, um in einer tiefreichenden Aktion auf die Probleme hinzuweisen, die Sie angedeutet haben, z. B. körperliche oder seelische Gewalt in den Familien? Sie könnten diese Frage in einem Medien-Seminar bearbeiten:

„Wie ist der Gewalt in den Familien zu begegnen, die in unserer Gesellschaft gegenwärtig im Vormarsch ist?"

Genau das meine ich, wenn ich von der politischen Aktion der Caritas spreche. Die politische Aktion bezieht die Medien mit ein. Und soweit es mir bekannt ist, hat der Caritas-Präsident Österreichs, Franz Küberl, bewußt auf die Printmedien gesetzt. Seine zahlreichen Artikel sind flammende Aufrufe zum Umdenken.

„DEUTSCHE BISCHÖFE BILLIGEN CARITAS-LEITBILD

Die katholischen Bischöfe haben das künftige Leitbild des Deutschen Caritasverbandes gebilligt. Der Zentralrat des Verbandes will das Leitbild nun im Mai 1997 in Kraft setzen. Das neue Grundlagenpapier wurde in einem dreijährigen Diskussionsprozeß erstellt. Die Caritas definiert sich darin als „Anwalt der Armen und Partner der Benachteiligten". Vorrangig für den Verband sei es, Menschen in Not zu helfen. Dazu gehöre auch die politische Einmischung."

(Rheinischer Merkur, 28. 2. 1997, Anm. d. Hrsg.)

MYSTIK UND POLITIK

Vortrag „Die Welt neu erfinden – Mystik und Politik", gehalten an der Kardinal-Nikolaus-Cusanus-Akademie vor Geistlichen und Laien in Brixen (Südtirol) am 3. Juni 1995

Mystik und Politik sind die beiden Endpunkte eines aufgespannten Fächers. Die Politik ist ganz erdverbunden, die Mystik aber, gehört sie nicht den himmlischen Sphären an? Besteht zwischen den beiden überhaupt eine Verbindung? Sie besteht. Wie bei einem Fächer.

Gestern war der Journalist Peter Zelger von der Südtiroler Kirchenzeitung für ein Interview bei mir, und er hat mir die folgenden Fragen gestellt:

„Man sagt oft, daß heute in der Politik, im gesellschaftlichen Einsatz mehr Mystik nötig wäre. Pater Boulad, Sie beschäftigen sich mit Mystik und sind gleichzeitig Direktor der Caritas Ägypten. Wie geht das zusammen? In Ihren Büchern und Vorträgen fällt die starke Einheit zwischen Theologie, Leben und Nächstenliebe auf. Ist das die ägyptische Variante einer Theologie der Befreiung?"

Und ich habe ihm geantwortet:

„Es muß eine mystische Dimension in der Politik geben, weil Politik sonst die Visionen verliert. Wir brauchen den Weitblick, weil sich Politik sonst zu oft nur an das Unmittelbare hält: Sie bleibt zu eng am Wirtschaftlichen, an den Interessen der Länder. Politik ist heute aber eine weltweite Angelegenheit. Wir brauchen daher weitere Ziele, eine Richtung, eine Ausrichtung, eine Orientierung.

Mystik ist kein eigenes Wissensgebiet, sondern stellt Verbindungen her zwischen verschiedenen Dingen; Mystik versöhnt das Himmlische mit dem Alltäglichen. Ein Mystiker ist ein Mensch, der mit beiden Beinen fest auf der Erde steht, in diesem Sinn ein ganz gewöhnlicher Mensch ist. Es ist sicher so, daß schon bei den Kirchenvätern des Orients alles in einer Einheit gesehen wird: Theologie, Spiritualität und in der Praxis gelebtes Christentum fließen zusammen. In der Theologie des Abendlandes wurde der Fehler begangen, das Wissen in verschiedene Bereiche aufzuspalten, und diese Spezialisierung verhindert, daß man es in der Tiefe verstehen kann. Diese Integration scheint mir zukunftsweisend für die gesamte Kirche."

Noch einmal: Wenn eine Politik keine geistige Vision hat, keinen Weitblick, keine Richtung, kein eigentliches Ziel jenseits dessen, was man die Politik der Politikaster nennt, will sagen die Politik zu ebener Erde, so schlingert sie wie ein Schiff ohne Kompaß. Man weiß selbst nicht, wohin es einen bringt.

Und ich habe folgendes Beispiel angeführt: Man baut am gemeinsamen Haus Europa. Warum? Warum schließt sich Europa zusammen? Was ist das Ziel? Sich zu vereinigen um der Vereinigung willen? Sich zu vereinigen um der Wirtschaft willen? Oder gibt es dahinter noch ein anderes Ziel? Und ich erinnerte an die großen Gründer Europas: Jean Monnet (1888–1979), Robert Schuman (1886–1963) usw., die gesagt haben:

„Europa wird eine geistige Vision haben
oder es wird kein Europa geben."

Bei diesem Vortrag möchte ich zwischen eben dieser geistigen Vision und der politischen Aktion die Verbindung knüpfen.

In unseren Tagen wird der Aufbau einer neuen Weltordnung in Angriff genommen; manche sprechen boshaft von einer neuen Welt-Unordnung. Diese internationale Ordnung von morgen ist von entscheidender Bedeutung für die Zukunft der Menschheit. Wer ist im Begriff sie zu schaffen? Überlassen wir diesen Aufbau der Welt von morgen einem kleinen Kreis von Technokraten, Politikern, Industriellen, Finanzfachleuten, Lobbies, „Pressure groups“, die alle ihr eigenes Süppchen kochen? Wird diese Weltordnung auf der Wirtschaft aufgebaut, oder ist ihr Fundament der Mensch?

Sind wir Caritas-Engagierte uns überhaupt im Klaren darüber, worum es geht zu dieser Jahrtausendwende und welche Rolle wir künftig spielen sollten? Hand aufs Herz: Sind wir stark und aktiv genug dort vertreten, wo die große Neuorientierung jetzt startet, um die Welt von morgen zu entwerfen? In einer Epoche der immer größeren Ausweitung und Vernetzung wie der unsrigen ist es wesentlich, daß die Caritas eine vereinte Vorgangsweise hat, denn die Probleme, die wir angehen wollen, sind heute planetarischer Natur. Die Caritas muß sich mit vielem beschäftigen:

- *mit der Weltregierung und der Rolle der UNO*
- *mit der Entwicklung des Internationalen Rechts*
- *mit den Begriffen der Einmischung und der nationalen Souveränität*
- *mit Demokratie, Freiheiten, Menschenrechten*
- *mit Kapitalismus, Privateigentum*
- *mit der Beziehung zwischen dem Ökonomischen und dem Sozialen*
- *mit der weltweiten Ausdehnung der multinationalen Wirtschaftskartelle*
- *mit dem Ungleichgewicht der reichen und armen Staaten, also mit der Nord-Süd-Spannung und der Migrationsbewegung*
- *mit Nationalismus, Regionalismus, Kulturgut und Identität angesichts unseres Weltzusammenschlusses*
- *mit der Medienpolitik*

All diese Probleme und viele andere mehr rufen die Caritas auf den Plan und appellieren an ihr Gewissen, nicht mehr nur die Rolle der Feuerwehr zu spielen, um dort etwas zu löschen, wo es bereits lichterloh brennt, sondern eine Pionierarbeit zu leisten, um den entstehenden Problemen an die Wurzel zu gehen! Deshalb hoffen wir auf die Bildung eines Komitees auf internationaler Ebene, das in dieser Hinsicht die Möglichkeiten sondiert und alle Mittel ausschöpft. Die Caritas muß an die großen Entscheidungsträger herankommen. Die Caritas muß auf die internationalen Organisationen einwirken - mit der Zielsetzung, die Weltpolitik mehr auf Gerechtigkeit und Frieden auszurichten. Dieses Komitee könnte dann einen Dauerappell an die kompetent erscheinenden Persönlichkeiten darstellen, um sie zu besseren Analysen der allgemeinen Situation zu animieren und in der Folge wirksamer zu werden als bisher. Zum Wohle aller Nationen der Erde.

Sich in die Politik einmischen heißt versuchen, ihr eine geistige Vision vom Menschen einzuhauchen. Das Christentum hat dazu einiges zu sagen, wir Christen haben einen Auftrag, diese Ordnung von morgen zur Trägerin von ganz bestimmten Werten zu machen. Denn das Evangelium ist nicht einfach eine Spiritualität für den Privatgebrauch, vielmehr soll es die Strukturen der Welt, der Gesellschaft verändern, es soll dort wirksam werden, wo sich die Zukunft abspielen soll. Wenn wir fernsehen und Zeugen des Kriegs in Bosnien werden, ist es einfach zu sagen: „Das geht mich nichts an. Das läßt mich sogar kalt." Erst vorgestern hat mir bei einer Einladung auf einem Schloß bei Bozen jemand von den Gästen gesagt: „Ja, der Krieg in Bosnien! Was wollen Sie, daß ich da unternehme? Inwiefern betrifft mich das überhaupt? Was kann ich zu einer Veränderung dieser verfahrenen Situation beitragen?"

Genau darüber wollen wir heute gemeinsam nachdenken: Wir wollen herausfinden, welche Rolle wir spielen können.

Und auf welcher Ebene wir sie spielen müssen bei der Umgestaltung der Welt, die derzeit im Gange ist. Wenn die Mystik nicht politisch ist, wenn sie nicht im konkreten Handeln zur Veränderung der Strukturen der Gesellschaft Fleisch annimmt, dann ist sie nichts als eine Flucht aus der Wirklichkeit, aus der Realität des Alltags, eine Flucht vor der Verantwortung. Denken wir an das Gleichnis vom Sauerteig:

„Womit soll ich das Reich Gottes vergleichen? Es ist wie der Sauerteig, den eine Frau unter einen großen Trog Mehl mischte, bis das Ganze durchsäuert war."

(Lk 13,20f; Mk 13,33f)

Das Christentum ist in der Geschichte dieser Sauerteig gewesen. Wenn die Sklaverei abgeschafft wurde, wenn eine Erklärung der Menschenrechte verkündet wurde, wenn bestimmte Werte allgemeine Gültigkeit erlangt haben, so deshalb, weil der Sauerteig des Evangeliums im Lauf der Jahrhunderte langsam die Strukturen, das menschliche Denken, die Gesellschaft durchdrungen und das Bewußtsein für eine Reihe von Werten geweckt hat, die im ursprünglichen Sinn des Wortes evangelisch sind und die nunmehr zu allgemein menschlichen Werten geworden sind; zu universellen Werten, weil es nicht auf der einen Seite das Menschliche und auf der andern das Evangelische gibt.

Das Evangelische ist die Tiefe des Menschlichen. Die Offenbarung Christi ist nicht übernatürlich in dem Sinn, als wäre sie von der Welt abgeschnitten. Das Licht des Evangeliums ist das Licht, das den Menschen erleuchtet, das Licht, das die tiefsten Schichten des Menschen erhellt. Wir stellen in der Geschichte also einen tiefen Wandel fest, der stattgehabt hat, und eine Reihe von Werten, die sich durchgesetzt haben. Das angeblich entchristlichte Europa ist dies nur an der Oberfläche. Lassen Sie sich nicht täuschen! Es ist entchristlicht insofern, als es einen bestimmten Typus kirchlicher Strukturen ablehnt, eine bestimmte Anzahl von Praktiken. Aber Europa ist zutiefst christlich: durch seine Art des Seins und des Denkens, in seiner Kultur, in seinem Wollen, in seinen Reaktionen. Das Ferment des Evangeliums hat Europa in seiner Tiefe durchdrungen. Und in diesem Sinn glaube ich an Europa. Ich glaube daran, daß Europa in der Welt von morgen eine wesentliche Rolle zu spielen hat; ja schon in der heutigen. Wenn Europa nur an sich selber glauben würde! Das wäre mein Wunsch.

Wenn ich sage „Europa ist christlich", so glauben Sie bitte nicht: So ist es, punktum, wir sind Christen. Christ kann man nicht sein! Ich bin kein Christ, Sie sind keine Christen. Christ kann man nur ständig werden! Das Christentum ist ein Prozeß, der nach vorne greift. Ein beständiges Wachstum. Ein Beweis dafür, daß Europa noch nicht christlich ist, ist etwa der Skandal, daß Frankreich, das Land der Internationalen Menschenrechte, im Begriff ist, das derzeitige sudanesische Regime in Khartum zu unterstützen, ein terroristisches, intolerantes, ein wahnsinniges Regime, das die Menschenrechte mit Füßen tritt. Auch wenn man die Finanz- und Wirtschaftsskandale sieht, die blühende Korruption in einer ganzen Reihe von Staaten, wenn man die Mafia sieht, die so manche derzeitige Regierung steuert, fragt man sich, ob Europa christlich ist. Nein, Europa ist nicht christlich. Noch nicht.

Und hier müssen wir uns sagen: Nichts ist von vornherein gelaufen. Wir Christen müssen uns in die Schlacht werfen, auch wir in Brixen. Wir dürfen uns nicht wie Pilatus die Hände waschen und sagen: „Ich bin unschuldig am Blut der Bosnier oder an den Massenfolterungen im Sudan oder an den Tragödien in Tschetschenien oder sonst wo." Wir alle sind verantwortlich, weil die Welt eine einzige ist: „one world"; das „Global Village". Was auch immer hier oder dort passiert, betrifft auch mich!

Eben deshalb bin ich auch häufig in Europa, in Italien, in Österreich, in Deutschland, in Frankreich, in Belgien unterwegs. Weil das, was in Europa passiert, eine unmittelbare Auswirkung auf den Nahen Osten und Ägypten hat. Und weil das, was im Nahen Osten und in Afrika passiert, eine unmittelbare Auswirkung hat auf das, was bei Ihnen passiert. Wir sind alle haftbar für eine einzige Welt, einen einzigen Planeten, und niemals in der Geschichte wurde diese Erfahrung so stark erlebt wie heute.

Wenn ich also hierher komme, um Vorträge über Mystik zu halten, so deshalb, weil ich glaube, daß sich durch diesen ganz bescheidenen Beitrag in der Welt etwas ändern könnte. In dem Maße nämlich, als jeder, jede von Ihnen, die Sie hier anwesend sind, sich von dem Virus anstecken läßt und beim Verlassen des Saales sagt: „Ich bin für die Welt verantwortlich. Ich bin für Europa verantwortlich. Ich bin verantwortlich für Italien und Österreich. Ich bin für den morgigen Tag verantwortlich, ich!" – Und sich nicht länger die Hände wäscht und sagt: „Es sind die Regierenden da oben, es sind die großen Männer, die alles in der Hand haben." – Nein. Überlassen Sie die Zukunft nicht den Politikern! Wenn die Demokratie einen Sinn hat, so den einer kollektiven und kontinuierlichen Verantwortung eines jeden und einer jeden einzelnen, und nicht einfach sich zu sagen: „Ich habe den Regierungschef gewählt." … und das war's dann auch schon. Demokratie besteht darin, daß man sich nach der Wahl erst recht ständig in die Kontroll- und Folgemechanismen einschaltet, damit diese Verantwortlichen nicht den Manipulationen einer sie umgebenden Lobby ausgeliefert werden. Das heißt sich selbst einbringen in alle Zwischeninstanzen, in alle Mechanismen, und als Gegenkräfte wirken, die zur Macht einen Ausgleich schaffen. All dies ist eine Anfrage an uns Christen heute. –

Vorgestern abend sind wir von dieser Einladung bei Bozen um ein Uhr früh zurückgekehrt. Da sehen wir bei der Ankunft in der düsteren, schmalen Gasse auf dem Boden vor der Haustür ein etwa vierzehnjähriges Mädchen liegen. Zuerst dachten wir an Alkohol, aber sie stand unter Drogen. Wir halfen ihr, mit ihrem Schlüssel, die Tür zu öffnen, und begleiteten sie nach innen. Und im Wagen begann ich zu überlegen: Warum ist dieses Kind aus Brixen mit seinen 14 Jahren drauf und dran sich selbst zu zerstören, seinen Leib und sein Leben? Warum? Weil es irgendwo in Europa Dealer gibt, die mit Drogen Milliarden verdienen und die über ein immer dichteres Netz verfügen, um die Drogen unablässig zu verbreiten, um die Gesellschaft zu vergiften, um den Menschen teuflisch zu zerstören. Und mit einem Schlage habe ich zu mir selbst gesagt: Boulad, du wirst dich in der Drogenbekämpfung engagieren!

David und Goliath – das Drogennetz ist stärker als die Vereinten Nationen, das sind Giganten! Internationale Kartelle, Übermächte! Soll man aber die Hände in den Schoß legen? Soll man zulassen, daß Vierzehnjährige und manchmal noch Jüngere umgebracht werden? Oder wird man sagen: Im Namen des Menschen, im Namen des Heils des Menschen, im Namen des Evangeliums mache ich mich auf und engagiere mich in diesem Kampf um das Morgen, mit all meinen Kräften, mit meiner ganzen Intelligenz, mit all meinen Möglichkeiten?

„Bevor man die Welt vollendet, wäre es vielleicht doch wichtiger, sie nicht zugrunde zu richten.“ (Paul Claudel)

Ich denke an die Umweltbewegung, die vor einigen Jahren mit einer Handvoll einzelner begann, die sich gesagt haben:

Das Gleichgewicht der Natur ist bedroht, wir müssen es sichern. Und sie haben sich zusammengeschlossen. Sie gründeten Parteien. Sie gründeten Gruppen zur Druckausübung. Und heute wird die gesamte internationale Politik von den sogenannten Grünen beeinflußt. Der Umweltgipfel von Rio de Janeiro 1992 – mit 170 Teilnehmerstaaten – wäre nicht zu dem geworden, was er war, ohne diese Gruppen, die jetzt allerorts aktiv werden. Wenn wir aber schon der Natur und den Wäldern so große Bedeutung beimessen, mit wieviel größerer Berechtigung müssen wir uns dann erst dem Menschen zuwenden, der durch diese Drogennetze bedroht ist! Es bräuchte – wie für den Naturschutz – dieselben Gruppen, dieselben Strukturen, dieselben Initialzündungen, indem gesagt wird: Nicht nur die Natur muß gerettet werden, auch der Mensch muß gerettet werden, das menschliche Wesen! Und was gegenwärtig Enormes für AIDS getan wird, diese globale Bewegung, dieser Kampf um die Sensibilisierung der Welt, müßte auch für die Droge möglich werden, die unendlich weiter verbreitet und deshalb weitaus gefährlicher ist als AIDS. Die Drogen-Dealer nähern sich heute jedem Schulgebäude.

Ich habe dieses Beispiel gebracht um zu sagen: Man darf nie aufgeben, nie resignieren, sondern man muß an die Arbeit gehen! Sie werden sagen: „Erklären Sie mir, was zu tun ist!" und glauben, daß ich die Antworten in der Tasche habe. Etwa weil ich Priester bin? Man erwartet von der Kirche noch immer, daß sie uns sagt, was wir tun sollen. „Questions for ready made answers". Man drückt wie auf einen Computerknopf. So etwas gibt es in der Kirche zum Glück nicht mehr! Früher hat Ihnen der Priester die Antwort gegeben. Er hat ja alles Wissen dieser Welt und des Heiligen Geistes in seinem Kopf gehabt. (Gelächter) Aber heutzutage sind die Probleme so komplex und schwierig, daß die Antworten von jedem und jeder einzelnen abhängen, alle sind gefordert.

Meine Antwort heißt: erfinderisch sein! Meine Antwort heißt: suchen! Die erste Christenpflicht, noch vor dem Handeln, ist das gründliche Nachdenken, Ausforschen, Herausfinden. Es ist ein Appell an die vorherige Vorstellungskraft und nicht nur an die notwendige Durchführung. Die Kirche wird Ihnen nicht sagen, was Sie tun sollen. Die Kirche legt Orientierungen vor. Sie gibt keine Aktionsprogramme aus. Sie gibt eine Richtung an, eine Vision. Und es liegt an jedem und jeder einzelnen sich zu sagen: Was könnte ich, ein Mann, eine Frau von 20 oder 80 Jahren, tun? Wo steckt meine Aufgabe?

Die Rundschreiben der letzten Päpste über das soziale Handeln, über die Entwicklung der Gesellschaft, über die Vision der Welt von morgen sind ausgezeichnet, wirklich bemerkenswert! Sie gehören zu den besten Dokumenten, die wir gegenwärtig verfügbar haben. Eine tiefgreifende Reflexion, sehr ausgewogen, sehr nuanciert. Das sind Texte, die gemeinsam in Gruppen zu studieren sind, und dann ist zu schauen, wie diese Vision auf der Ebene unseres Dorfes, unserer Stadt, unseres Landes und unserer Völkergemeinschaft umgesetzt und gelebt werden kann.

Seit fünf Jahren wird diese Vision erfreulicherweise vom „Entwicklungsprogramm der Vereinten Nationen" geteilt, das sich auf Französisch PNUD, auf Englisch UNDP („**U**nited **N**ations **D**evelopment **P**rogramme") nennt und jedes Jahr einen fabelhaften Bericht herausgibt, unter dem Titel: „Für eine menschliche Entwicklung". Inspiriert direkt vom Evangelium! Schauen Sie, hier haben wir die Verbindung schwarz auf weiß! Hier wird eine Politik oder eine Wirtschaft verurteilt, die nur Selbstzweck ist und nicht den Menschen im Brennpunkt hat. Denn die Devise muß heißen: Den Menschen aufbauen! Diese Gruppe hat hinter dem Armutsgipfel von Kopenhagen gestanden, der vor drei Monaten die Welt faszinierte, das war eine Premiere in der Geschichte: Das erste Mal sind fast alle Staats- oder Regierungschefs der Erde zusammengekommen, um gegen die Armut und ihre Ursachen gemeinsam anzukämpfen.

Hinter all dem stand ein einziger Mann als Auslöser, mit Namen Juan Somavia, ein chilenischer Diplomat, der geistige Vater des Gipfels von Kopenhagen, sein Initiator. Er ist heute 54 Jahre alt. Seit seinem 20. Lebensjahr kämpft er. Er kämpft. Er engagiert sich auf internationaler Ebene in der Entwicklungspolitik, für die Menschenrechte und für die Abkommen des GATT (die allgemeinen Zollabkommen). Seit 1990 ist er Botschafter Chiles bei der UNO. Er möchte die UNO als Hüterin der sozialen Gerechtigkeit sehen, dafür kämpft er.

> *„Kopenhagen wird ein kräftiges politisches Signal sein sowie ein zügiger Schritt vorwärts. Niemand kann behaupten, wir hätten nicht genug Ressourcen, um die Armut auszumerzen."*
>
> (Juan Somavia)

Juan Somavia hat um die Abhaltung des Kopenhagener Gipfels Jahre gekämpft: gekämpft gegen alle Pressionen... weil es die Männer der Großfinanz nicht gern haben, wenn von Armut und Dritter Welt gefaselt wird. Das interessiert sie nicht, im Gegenteil, denn sie wollen Profite machen, immer höhere Profite. Und siehe da, ein Einzelgänger, unterstützt von Helfern und Helfershelfern, vermochte einer humanen Vision der Welt und der Weltwirtschaft einen neuen Anstoß zu geben – auf höchster politischer Ebene.

Beim Sprechen über Armut muß man hinter diese Worte konkrete Gesichter setzen. Ich denke an einen jungen Familienvater in Kairo, der im Monat 65 ägyptische Pfund verdient. Das sind 20 Dollar oder 200 Schilling im Monat, für eine sechsköpfige Familie: für ihn, seine Frau und vier Kinder. Die Preise in Ägypten sind ungefähr halb so hoch wie in Europa und manchmal sogar fast gleich hoch. Ein Paar Schuhe oder ein Essen im Restaurant in Kairo und hier in Europa kosten ziemlich dasselbe. Dieser Mann hat schon nach wenigen Tagen sein Gehalt aufgebraucht. Und er steht vor seinen Kindern, die Schuhe brauchen oder ein Stück Hammelfleisch.

Man muß also hinter den großen Worten von der sozialen Gerechtigkeit die Wirklichkeit sehen: menschliche Wesen! Und wenn man an das Pro-Kopf-Einkommen in Europa denkt, so liegt es zwischen 15.000 und 30.000 Dollar im Jahr – die Schweiz mit gut 30.000 Dollar im Jahr liegt an der Spitze –, und wenn man weiß, daß in Ägypten das Pro-Kopf-Einkommen kaum 700 Dollar erreicht, und daß es in Somalia oder in Mozambique bei 70 Dollar liegt – 70, 700, 7.000, 30.000 –, dann geht einem endgültig auf, daß da etwas nicht in Ordnung ist. Solange es auf unserem Planeten diese großen Ungleichheiten gibt, wird es keinen Frieden geben. Papst Paul VI. hat das schon früher gewußt:

> *„Der neue Name für Friede ist Entwicklung, ist soziale Gerechtigkeit."* (Enzyklika „Populorum progressio", 1967)

Und die Politik, die politische Aktion, besteht eben darin, sich ins Getümmel zu werfen, in den Kampf einzutreten, um diese gerechtere, brüderlichere, menschlichere Welt zu schaffen ... im Namen des Evangeliums.

DAS JÜNGSTE GERICHT

> *„Alle Völker werden vor ihm zusammengerufen werden, und er wird sie voneinander scheiden, wie der Hirt die Schafe von den Böcken scheidet. (...) Kommt her, die ihr von meinem Vater gesegnet seid, nehmt das Reich in Besitz, das seit der Erschaffung der Welt für euch bestimmt ist. Denn ich war hungrig, und ihr habt mir zu essen gegeben; ich war*

durstig, und ihr habt mir zu trinken gegeben; ich war fremd und obdachlos, und ihr habt mich aufgenommen; ich war nackt, und ihr habt mir Kleidung gegeben; ich war krank, und ihr habt mich besucht; ich war im Gefängnis, und ihr seid zu mir gekommen. (…) Was ihr für einen meiner geringsten Brüder getan habt, das habt ihr mir getan.

Dann wird er sich auch an die auf der linken Seite wenden und zu ihnen sagen: Weg von mir, ihr Verfluchten, (…) Denn ich war hungrig, und ihr habt mir nichts zu essen gegeben; ich war durstig, und ihr habt mir nichts zu trinken gegeben; ich war fremd und obdachlos, und ihr habt mich nicht aufgenommen; ich war nackt, und ihr habt mir keine Kleidung gegeben; ich war krank und im Gefängnis, und ihr habt mich nicht besucht. (…) Amen, ich sage euch: Was ihr für einen dieser Geringsten nicht getan habt, das habt ihr auch mir nicht getan." (aus Mt 25)

Wir werden nach der Liebe gerichtet werden. Nicht nach der abstrakten Liebe, einem allgemeinen „Oh, ich liebe sie, diese Armen!", sondern konkret nach unserem Handeln. Das Evangelium ist sehr konkret! Christus führt kein anderes Kriterium für das Urteil an als dieses, wenn er vom Jüngsten Gericht spricht.

Gott sei Dank hat es schon früher regierungsunabhängige Organisationen gegeben und gibt es sie weiterhin, die besonders heute in Europa und der hochentwickelten Welt wie Pilze aus der Erde schießen und nicht mehr zu zählen sind, um den hungerleidenden Bevölkerungen zu Hilfe zu eilen. Es ist großartig! Ein Gefühl der Solidarität! Wunderbare Gesten, die sich mehren, Vereinigungen zu Hunderten, zu Tausenden, Zehntausenden, die sich mit Feuereifer daran machen, in Afrika, in Südamerika, in Asien zu Hilfe zu kommen. Das gibt einigen Anlaß zu Optimismus und Hoffnung.

Doch die humanitäre Tat allein genügt nicht. Die humanitäre Hilfe sucht Probleme auf der Ebene der Auswirkungen der Ungerechtigkeit und des Elends zu lösen. Man muß höher ansetzen und weiter zurückgehen: Man muß die Ursachen ins Visier nehmen und nicht bloß die Auswirkungen besänftigen! Man muß dem Übel zuvorkommen, bevor es zu wuchern beginnt. Das ist mit dem Ausdruck „politische Aktion" gemeint. Die politische Aktion besteht im Einwirken auf die Entscheidungsträger, „the decision making bodies", wie man auf englisch sagt, diejenigen, die am Ursprung dieser ungerechten Strukturen stehen. Brot geben ist gut, Milchpulver verteilen ist gut, Medikamente organisieren ist gut. Aber noch besser ist der Versuch zu erforschen, was hinter den Dramen steht, um weiter zu verhindern.

Denn der Bosnienkrieg wurde geplant, manipuliert! Der Libanonkrieg wurde geplant, manipuliert. Der Libanon hat 17 Kriegsjahre durchlebt, und mein Bruder war die ganzen 17 Kriegsjahre in Beirut. Er arbeitet in einer Schiffahrtsgesellschaft. Und gegen Ende des Libanonkriegs hat seine Gesellschaft neun Schiffe voll unbenützten Kriegsgeräts nach Jugoslawien verschifft, die Waffen kamen von dort unten, weil die Herren Politiker irgendwo auf der Welt beschlossen hatten, daß der nächste Krieg in Jugoslawien stattfinden sollte. Und er hat stattgefunden. Die Waffenmengen waren dafür vorbereitet! Waffen sind ein Supergeschäft, also werden kriegerische Auseinandersetzungen erfunden. Die Kriege von heute sind programmierte, bewußt herbeigeführte Kriege. Auf dieser Ebene müssen wir gegen-handeln, das ist weit besser, als die Grauen dann im Fernsehen zu verfolgen.

Man nennt das die Strukturen der Sünde. Früher wurde die Sünde auf der individuellen, personellen Ebene betrachtet. Man sündigte zwischen sich und Gott, untereinander. Sündigen war eine persönliche Angelegenheit. Und immer stärker hat man sich Rechenschaft darüber abgelegt, daß wir uns in Strukturen der Sünde befinden, an denen wir mehr oder weniger alle teilhaben, für die NIEMAND verantwortlich ist: Für die ALLE verantwortlich sind! Wir müssen die Moral in dieser neuen Perspektive auffassen: nicht mehr als individuelle Moral, sondern als soziale, kollektive. Auf diese Art und Weise muß unsere Mittäterschaft den engen Rahmen des persönlichen, individuellen Lebens überschreiten. Ich habe nicht getötet. Ich habe nicht gestohlen. Ich habe meine Frau oder meinen Mann nicht betrogen. Ich habe nicht ... Ich habe nicht ... All das ist richtig, aber es geht über den Kirchturmhorizont nicht hinaus. Wenn ich im Fernsehen etwas sehe, was in der Welt vor sich geht, muß ich mich fragen: „Habe ich irgendetwas versucht, daß das nicht passiert?" – Ich möchte Sie nicht anschuldigen. Aber ich möchte, daß wir uns einen inneren Ruck geben, der uns zum Handeln drängt. Ich bringe Ihnen zwei Beispiele:

Hidda Westenberger, die hier unter uns anwesend ist, lebte mit ihrer Familie vor 20 Jahren und mehr in Alexandria. Und ich hielt Vorträge, so wie jetzt gerade vor Ihnen. Sie hatte das unbedingte Gefühl, daß die Botschaft, die ich vermittelte, noch anderen nützlich sein könnte. Und sie sagte sich: „Ich werde diese Vortragstexte auf Kassette aufnehmen" – das sind alle ihre Aufnahmen – „und ich werde alles ins Deutsche übersetzen und in einem deutschsprachigen Land veröffentlichen." – Sie wissen, heutzutage ein Buch herauszubringen ist nicht so leicht! Aber sie glaubte mit felsenfester Sicherheit daran. Und sie hat gearbeitet und gekämpft, Jahre hindurch. Und sie hat ein Buch nach dem andern publiziert. In diesem Jahr werden es elf deutsche Bücher sein. Und das Ausland wurde aufmerksam und hat in weitere Sprachen übersetzt. In so viele Sprachen! Mit dem Dänischen sind es in diesem Jahr zwölf Sprachen. Und dort bleibt es auch nicht bei einer Veröffentlichung; in Budapest arbeitet man am neunten Buch auf ungarisch. Ausgehend wovon? Ausgehend vom Nullpunkt. Ausgehend vom Nichts. Weil sie sich eines Tages gesagt hat: „Ich kann etwas tun für die Welt. Nach Maßgabe meiner „unmöglichen Möglichkeiten", aber ich muß es tatsächlich tun."

Alles beginnt mit einer kleinen Inspiration im Hinterkopf. – Damit kehre ich zu meinem Ausgangspunkt zurück: selbst herausfinden, was man zu tun hat! Erfinderisch sein, schöpferisch sein, ausgehend vom Nichts. Niemand hat zu Hidda gesagt: „Mach das, dann das, dann das, dann ..." – Nein: Tag für Tag ist sie erfinderisch. So schürt man eine Revolution! Eine Revolution beginnt im Kopf eines einzigen Mannes oder einer einzigen Frau.

Zweites Beispiel: Der baumlange junge Mann, den Sie da sehen mit seiner Videokamera, mit Backenbart und einem T-Shirt, ist kein iranischer Terrorist. Es ist der Wiener Pater Georg. Auch Pater Georg hat gefunden, daß die Botschaft, die ich bringe, Menschen hilfreich sein könnte. Und er hat vor zwei Jahren, ohne daß ihn jemand darum gebeten hätte, eine kleine Videokamera mitgenommen; später eine größere. Und jetzt sind es zwei große Kameras. Und dann traf er mit immer komplizierteren Geräten bei den Vorträgen ein. Er hat beschlossen, daß die Botschaft nicht nur durch Bücher oder Tonkassetten verbreitet werden sollte, sondern auch durch Videokassetten. Und nun ist er im Begriff, sich in ein Abenteuer zu stürzen, mit vielen Hindernissen, wie es aussieht. Wo es hinführt? Wir wissen es nicht. Er ist am Beginn des Weges. Aber er hat sich aufgemacht. Von Stadt zu Stadt, quer durch ganz Österreich, ist er uns mit all seinen Apparaten gefolgt. Und eine Dame aus Salzburg, Yvonne, hat ihm für diese zwei Wochen ihren Wagen zur Verfügung gestellt, mit den Worten: „Ich kann keine Videos machen, aber ich kann Ihnen meinen Wagen leihen." Also, jemand gibt seinen Wagen her; jemand anderer gibt seine Zeit her; wieder jemand anderer stellt seine Talente zur Verfügung. Auf diese Art und Weise entsteht eine andere Welt! Aus diesen Freiwilligeneinsätzen.

Das Wichtigste ist das Anfangen. Anfangen, das heißt: sich selbst davon überzeugen, daß man tatsächlich etwas tun kann und tun muß. Glauben an die Kraft des Glaubens! Glauben, daß der Glaube Berge versetzt. Glauben, daß ich, so klein ich bin, mit meinen begrenzten Mitteln, etwas Dringendes und Notwendiges tun kann, ja daß ich die Welt verändern kann.

Freiwilligeneinsätze … heroische Einzelinitiativen … Wissen Sie, daß auch die Caritas so begonnen hat? Ein einzelner, ein deutscher Priester namens Lorenz Werthmann, gründete im Jahre 1897 in Freiburg den Deutschen Caritasverband als Mini-Zelle – heute ein Weltunternehmen! Und glauben Sie bitte nicht, er habe nicht kämpfen müssen! Sogar mit seiner Kirche, die ihm den Segen anfangs verweigerte. Heute heißt der erste Satz in den Richtlinien für Arbeitsverträge der Caritas: „Die Caritas ist eine Lebens- und Wesensäußerung der katholischen Kirche."

„Eine Reise von tausend Meilen beginnt
mit einem einzigen Schritt." (Asien)

Setze heute diesen Schritt, den du gerade eben tun kannst. Und wenn du diesen Schritt gesetzt hast, wirst du klar genug sehen, um den nächsten zu setzen. Und dann den übernächsten. Erwarte nicht, gleich den Verlauf des ganzen Weges zu erkennen! Nein, unternimm heute den Schritt, den du tun kannst. Nur der heutige wird dir abverlangt. Versuche nicht für die nächsten zwanzig Jahre zu planen. Du wirst sehen, daß dieser Weg sehr weit führt.

Aber wie wenige haben den Mut zum Wagnis! Weil wir zerfressen sind von „Ängsten". – Angst, Schüchternheit, falsche

Bescheidenheit, falsche Demut! „Wissen Sie, ich kann keine großen Dinge tun. Infolgedessen schaue ich in meiner Freizeit lieber fern. Das ist alles, was ich tun kann. Ich kann höchstens meinen Hund auf die Gasse führen. (Gelächter) – Nun denn! So führt man sein Leben auf Sparflamme, und wenn man einst vor den Herrn treten soll, wird dieser fragen: „Nun, was hast du geleistet?" – „Ich habe niemandem etwas angetan!" – Und Sie glauben, daß das Leben nur darin besteht, niemandem etwas anzutun? Der Herr wird davon nicht sehr angetan sein! Er wird wieder fragen: „Aber was hast du geleistet?" – Wir machen uns da etwas vor. Wir lullen uns ein in eine Moral des Minimalismus, der Minimalleistungen. Eine individualistische Moral: ich. Und was ist mit der Welt? – „Die Welt, die geht mich nichts an." – Die Welt geht dich sehr wohl etwas an! Was kannst du heute tun? „Eine Reise von tausend Meilen beginnt mit einem einzigen Schritt." – Ein anderes asiatisches Sprichwort besagt:

„Es ist besser, in der Nacht eine winzige Kerze anzuzünden als die ganze Nacht über die Finsternis zu jammern."

Niemand verlangt von Dir, einen Supersatelliten zu starten, der gleich die ganze Erde ausblendet. Nein. Aber von Dir wird verlangt, daß du an einem dunklen Fleck, von dem Du weißt, ein Licht entzündest. Entzünde ein Licht im Herzen eines einzigen Menschen, und die ganze Welt kann davon heller werden!

Es gibt die falsche Mystik, und es gibt die echte Mystik. Die falsche Mystik ist eine Mystik des Ausweichens. Die echte Mystik ist eine Mystik der Inkarnation, d. h. der Fleischwerdung und der Annahme. – Mystik des Ausweichens: Man betet nur . Es ist ja Gott, der die Welt erschafft und verantwortet. Es ist Gott, der die Geschichte lenkt. Es ist Gott, der handelt. Mystik der Inkarnation: Es ist der Mensch, der die Geschichte macht. Mit Gott. Aber Gott wird sie nicht ohne den

Menschen machen. Gott braucht mich! Mystik heißt, sich mit Gott in einer gemeinsamen Aktion vereinigen, in einem umgestaltenden Tun. Die Heilsgeschichte, so wie sie uns in der Bibel berichtet wird, ist die Geschichte Gottes mit seinem Volk, Gott gemeinsam mit uns. Auch die ignatianische Spiritualität der Jesuiten ist eine Spiritualität, die uns sagt: Du findest Gott in deinem Handeln, und dein Handeln wird der Ort deiner Gottesbegegnung sein, deiner Vereinigung mit Gott. Die Vereinigung mit Gott, lieber Jesuit, wird für dich nicht die Vereinigung in einem Konvent sein, in einem Kloster, sondern eine Vereinigung im Herzen der Welt: in der Welt, mit der Welt, für die Welt. Und du wirst mich in jedem Augenblick bei dir spüren, du wirst meine Hand in deiner Hand spüren, und meinen Blick in deinem Blick, und meinen Geist in deiner Stimme und auf deiner Zunge.

Die ignatianische Mystik des Handelns ist eine Mystik für die Welt der Laien; in dieser Mystik wird mein Handeln unmittelbar als ein Handeln mit Gott erlebt, es wird von Gott getragen, von Gott aus dem Inneren beseelt. In diesem Augenblick gibt es keinen Gegensatz Gott/Mensch mehr – daß entweder Gott handelt oder ich. Nein, es gibt dieses gemeinsame Handeln, dieses enge Zusammenspiel, diese intime Artikulation zwischen Gott und mir. Wer hält Ihnen heute vormittag diesen Vortrag in Brixen? Er oder ich? Wir beide, gemeinsam. Und in dem Ausmaß, in dem ich mich engagiere, engagiert sich auch er! Aber er wird sich nicht ohne mich engagieren. Gott braucht den Menschen.

Wir haben uns daran gewöhnt, die Geschichte als unabwendbares Schicksal, ja als Verhängnis anzusehen. Liest man die Geschichte im Rückblick, kommt man zum Schluß: Im 20. Jahrhundert mußte es einen Ersten Weltkrieg geben. Es mußte auch einen Zweiten Weltkrieg geben. Es mußte eine UNO geben und vorher einen Völkerbund. Es mußte ein Vereintes

Europa geben. Es mußte … Nichts mußte! Das 20. Jahrhundert hätte völlig anders ausfallen können... im Guten wie im Schlechten. Und das 21. Jahrhundert wird jenes sein, zu dem wir es machen, wir! Es gibt keine vorgezeichnete Geschichte. Es gibt kein Schicksal. Es gibt kein Verhängnis. Auf arabisch sagt man „maktub“ (Es steht geschrieben). Will heißen: Gott da oben hat von Anbeginn alles so beschlossen. Er hat mein, Ihr Leben vorgeschrieben. Im Detail. Und wir sind die Mechaniker, die die göttlichen Dekrete ausführen. Nein, der Mensch erfindet täglich die Geschichte. Und was in dem Himmelsbuch da oben geschrieben steht, ist das, was der Mensch gewählt hat, was der Mensch zu tun beschlossen hat. Das gibt der Geschichte ihren unendlich ernsten Charakter, ihren tragischen Charakter.

> *„Wir verfügen heute über so viele Mittel, Organisationen, Einsichten und gute Absichten, der Not ein Ende zu setzen, daß es sinnlos erscheint, dafür Gott zur Rechenschaft zu ziehen. Er hat uns bestens ausgestattet, um damit selbst zu Rande zu kommen. Wenn so viele auf der Suche nach einem Alibi sind, um sich nicht selbst die Finger zu verbrennen – geschieht das nicht deshalb, weil sie unbewußt spüren, daß die ganze Hand genommen wird, wenn man den kleinen Finger reicht?“* (P. Joseph Wresinski)

Alles beginnt mit einer persönlichen, angstfreien Entscheidung. Ich muß wissen, daß jede von mir getroffene Wahl ein Wendepunkt der Weltgeschichte ist. Ich muß wissen, daß sich das Geschick der Welt und die Zukunft der Menschheit aus der menschlichen Freiheit ergibt, aus meiner persönlichen Freiheit. Es ist furchtbar, frei zu sein! Gott hat uns ein schlimmes Geschenk gemacht mit der Freiheit. Am liebsten möchten wir vor ihr davonrennen. Lesen Sie dazu das Buch von Erich Fromm „Die Angst vor der Freiheit“. – Man wartet also passiv auf Anordnungen von oben, auf Anordnungen Gottes, Anordnungen der Kirche, Anordnungen der Partei. Nein! Wir sind befreit zu unserer Freiheit, befreit zu unserer eigenen Entscheidungswahl. Und unser Leben wird so sein, wie wir es uns gestaltet haben. –

DAS GLEICHNIS VOM SÄMANN

„Ein Sämann ging aufs Feld, um seinen Samen auszusäen. Als er säte, fiel ein Teil der Körner auf den Weg; sie wurden zertreten, und die Vögel des Himmels fraßen sie. Ein anderer Teil fiel auf Felsen, und als die Saat aufging, verdorrte sie, weil es ihr an Feuchtigkeit fehlte. Wieder ein anderer Teil fiel mitten in die Dornen, und die Dornen wuchsen zusammen mit der Saat hoch und erstickten sie. Ein anderer Teil schließlich fiel auf guten Boden, ging auf und brachte hundertfach Frucht. Als Jesus das gesagt hatte, rief er: wer Ohren hat zum Hören, der höre." (Lk 8,5-8)

Das ist das Drama der Freiheit! Das Wort ist ausgestreut, und die ganze Welt hört es. Alle bekommen dasselbe Wort. Dasselbe! Wir lesen dieselben Bücher. Wir sehen dieselben Fernsehprogramme. Aber dieselbe Wirklichkeit wirkt äußerst unterschiedlich, je nach der Empfänglichkeit. – Da sind jene Worte, die wie die Körner auf dem Weg liegen; sie werden zertreten, und man geht zu etwas anderem über. – Oder man hat einige Willensanwandlungen. Das Pflänzchen wächst ein bißchen. Aber das Wachstum hält nicht an, weil das Pflänzchen nicht gepflegt wird. – Oder es wächst, wird aber von anderem erstickt. – Und dann gibt es jene Worte, die Früchte tragen, weil sie in guten Boden fallen. Gelegentlich sogar hundertfach.

Was will ich aus meinem Leben machen? Aus diesem Leben, das mir von Gott als Geschenk gegeben wurde? Ich habe nur ein Leben, ein einziges. Ich kann mein Leben nicht noch einmal zurückspulen wie eine Kassette! Der heutige Tag, der 3. Juni 1995, wird niemals in der Geschichte wiederkehren. Er ist nur heute und dann vorbei. Auch was Sie heute morgen erleben werden, wird sich niemals wiederholen, es gibt kein Zurück, es gibt kein Nocheinmal. Wir Christen glauben nicht an die Reinkarnationslehre der asiatischen Philosophien. Wir werden für das Endgültige gefordert.

Denn die Seelenqualität, die ich heute an den Tag gelegt haben werde, ist bereits eingeschrieben in die Ewigkeit. Das ist es, was dem Leben seine Ernsthaftigkeit verleiht, sein Gewicht. Der Augenblick, den ich heute erlebe, ist ein Augenblick der Ewigkeit. Sehen Sie: „Alles ist Gnade!" – Das ist der Titel meines Buches in Wien über Zeit und Gnade. Das Buch gibt es nun schon in sechs und bald in acht Sprachen. Darin ist dieser Gedanke entwickelt worden. – Ich fühle mich verantwortlich. Verantwortlich im Angesicht des Herrn für die Welt. Ich möchte, daß mein Leben ein Erfolg wird. Aber ein wirklicher Erfolg! Ein Erfolg der Liebe. Ein Erfolg meiner „Talente". Ich will nicht bloß dreißig oder sechzig geben. Ich möchte hundert geben! Ich möchte, daß mein Leben erfüllt ist. Randvoll wie ein Wasserglas, so daß man nichts mehr dazugeben kann. Ich möchte in jedem Augenblick alles geben, und wenn ich mich abends niederlege, möchte ich zum Herrn sagen können:

„Uff, ich kann nicht mehr. Ich habe alles gegeben.
Ich kann heute nicht mehr zulegen."

Und am nächsten Tag beginne ich auf einer neuen weißen Seite. Einer leeren! Der Herr erwartet von mir, daß ich auch diese randvoll fülle. – Natürlich kann ich sie auch halb leer oder ganz weiß lassen. Es gibt Leben, die leer sind. Am Ende von 60 oder 80 Lebensjahren fragen sich die Leute dann: Habe ich überhaupt gelebt? – Auf der anderen Seite: Es gibt Leben, die übervoll sind, brodelnd, überfließend. Und es ist niemals zu spät. Wie auch immer Sie Ihr bisheriges Leben verbracht haben – heute ist der Tag des Herrn. Heute ist die Stunde des Heils. Jetzt! Es gibt gute Stellen darüber in der Bibel: Alles spielt sich jetzt ab, jetzt, wo alles in Ihrem Leben in eine andere Dimension umschwenken kann. Nicht über das Vergangene lamentieren, sondern sich selbst befehlen: Jetzt!

Ich denke an Schwester Emmanuelle in Kairo, die ihr inzwischen berühmt gewordenes Leben mit 63 oder 65 Jahren begonnen hat. Sie hätte sich sagen können: Aber ich bin doch im Pensionsalter!" – Kommen Sie mir bitte nicht mit Ruhestand. Für einen Christen gibt es keinen Ruhestand. Sie werden Millionen Jahre Ruhestand da oben genießen können. (Gelächter) Eines nahen oder fernen Tages, wenn Sie sich auf Ihr letztes Bett zur Ruhe legen (so Sie das Glück haben, in einem Bett zu sterben), sollten Sie zum Herrn sagen können: „Hier, nimm mein ausgefülltes Leben." – So wie der Bauer bei der Heimkehr am Abend sagt: „Ich habe meinen Tag genützt." Ich glaube, der Bauer ist zufrieden in seiner Haut.

Was ist Glück? Das Leben der Schwester Emmanuelle bietet dafür eine Erklärung. – Sie kennen die Reiseveranstalter, die Ihnen aufzählen, worin Ihr Glück besteht: „Kommen Sie nach Brixen in Südtirol, dort werden Sie das Glück genießen können. Eine der schönsten Landschaften der Welt." – Das Glück wird auf allen Werbeplakaten mit schönen Frauen in Bikinis angepriesen. Sie glauben, daß das Glück zu kaufen ist? Das Glück ist ein inneres Brodeln. Es ist eine sprudelnde Quelle, sie kommt aus dem Innersten. Nein, das Glück kann man nicht kaufen, weder in Tirol noch in Ägypten. Glück ist eine Lebensqualität, Glück ist Leben in Überfülle, sobald es der Gang an die äußersten Grenzen ist. Glück ist Ganzhingabe. Das Glück besteht nicht im Haben, sondern im Sein, im Sein und Wachsen! Die Welt wartet auf diese „neue" Glücksformel, die längst im Evangelium enthalten ist. Was sind das für große

Texte! – Jesus spricht nicht viel vom Glück. Jesus ist ja auch nicht gekommen, um uns das Glück zu bringen. Jesus ist gekommen, um uns das volle Leben zu bringen:

„Ich bin gekommen, damit sie das Leben haben
und es in Fülle haben." (Joh 10,10b)

Er selbst lebte dieses irdische Leben in Fülle. Wer sein eigenes Leben in Fülle lebt, findet so das Glück. Das Glück ist eine überraschend gereifte Frucht, das Glück ist kein geplantes Ziel. Wenn Sie dem Glück nachlaufen, wird es Ihnen entweichen wie jemandem, der bei Sonnenuntergang hinter seinem eigenen Schatten herläuft. Pfeifen Sie auf das Glück! Vergessen Sie es. Denken sie an ein Projekt, ein Ideal. Und stürzen Sie sich hingebungsvoll hinein, todesmutig wie der Taucher! Und jetzt werden Sie merken, daß Ihnen das Glück hinterherläuft. Es wird Ihnen als Draufgabe geschenkt. Das Glück ist immer etwas, das als Geschenk daherkommt, als Gnade, nicht als kalkuliertes Entgelt. Nein, als Überschuß. Sie werden so viel Glück und Freude haben, daß Sie sagen werden: „Danke, nun reicht es aber."

Ein spannendes Leben ist ein Leben, das total ergriffen ist von einem Projekt, einem Werk, einer Dynamik, einer Richtung. Setzen Sie sich ein Ziel, wie in einer Schlacht! Das höchstmögliche Ziel, ein Fernziel, nur mit großer Mühe zu erreichen, eigentlich ein Ding der Unmöglichkeit. Aber eben weil es unmöglich scheint, ist es auch interessant. Fixieren Sie Ihren Blick auf einen Stern und marschieren Sie los! Gehen Sie beharrlich auf dieses Licht zu. Schauen Sie nicht auf Ihre Schritte, sondern auf den Stern! Und Ihr Leben wird gleichsam angesaugt werden, hinein in die Zukunft! Ihr Leben wird anschwellen und wachsen. Sie werden wachsen! Zum Menschsein gehört auch die Dimension unserer Wünsche, unserer Träume, unserer Utopien.

DISKUSSION

FRAGE 1: Es ist aber nicht unsere Schuld, wenn Kriegswaffen vom Libanon nach Jugoslawien verkauft werden. Kann man solche Entscheidungen von Politikern wirklich auf diese optimistische Art mit unserem individuellen Leben in Verbindung bringen? Da sind wir doch ohnmächtig.

BOULAD: Schauen Sie: Geben Sie etwas Öl auf ein Papier. Der Tropfen wird sich nach und nach ausbreiten, und schließlich wird alles vom Öl durchtränkt sein. – Werfen Sie einen Stein in einen See. Die Kreise werden sich bis in das entfernteste Seeufer fortsetzen. Dann denken Sie eben nicht an Bosnien. Denken Sie nicht an die Dramen von Tschetschenien oder sonstwo. Geben Sie den Öltropfen in das kleine Leben, das Ihnen selbst gehört. Werfen Sie diesen kleinen Stein hinein! Versuchen Sie, in dem engen Umfeld zu handeln, das das Ihre ist. Auf der Ebene Ihrer Familie, Ihrer Kinder, Ihres Gemahls, Ihrer Kollegen. Und Sie werden sehen, daß Ihr Leben nach und nach Kreise zieht… Ihre Tat der Liebe von heute wird auf die ganze Welt einwirken. Wie? Das kann ich Ihnen nicht vorausberechnen, aber alles hängt zusammen. Ich weiß, daß Ihr Handeln einen Einfluß haben wird. Denn in der Wissenschaft sagt man: Wenn ich einen Strohhalm anrühre, zittern die fernsten Sterne. In der Welt ist alles vernetzt. In der physischen wie in der geistigen Welt. Und die intimste meiner Handlungen, die ich ganz im geheimen setze, hat eine Auswirkung auf das Schicksal der Welt. Da bin ich mir ganz sicher.

FRAGE 2: Nehmen wir das Beispiel eines Staudamms mit einer Schleuse: Wie sollen wir es anstellen, daß wir einen Einfluß auf die Schleuse erlangen und nicht nur auf unsere kleine persönliche Tat?

BOULAD: Ich habe das Beispiel von Hidda Westenberger gebracht, die ein kleiner Tropfen in einem riesigen Ozean ist. Eine Einzelperson. Führt sie uns mit ihrer Publikationsarbeit nicht den sogenannten „Schneeballeffekt" vor, die Kettenreaktion? Man stößt ein Atom an, und es wird gespalten. Die zwei neuen Atome lassen 4, 8, 16, 32, 64, 128 Atome auseinanderfallen, und so weiter ... es überschlägt sich. Es ist müßig, mich zu fragen, auf welche Art und Weise ich die Welt verändern soll. Das Wie ist das Geheimnis der Zukunft. Viel wesentlicher ist es, jetzt zu beginnen; heute mit drei Freunden eine ernste Diskussion zu führen kann der Beginn sein. Immer nur eines. Heute ist von mir nicht verlangt, im Österreichischen Rundfunk zu sprechen, sondern in der Cusanus-Akademie in Brixen vor 100 Personen. Aber wenn diese 100 Personen von den Ideen angesteckt werden und jede dieser 100 Personen ihren Einfluß irgendwie auf 100 weitere geltend macht, wieviele sind das? Es sind 10.000 Personen, die von ein und demselben Virus infiziert werden!

Ein weiteres Beispiel: Ich habe immer fleißig Weihnachtskarten verschickt. Man kann auf eine Weihnachtskarte „Merry Christmas, Happy New Year" schreiben. Das ist gut so. Oder man kann sich sagen: Ich habe in diesem Jahr 100 Weihnachtskarten zu schreiben. Stattdessen, verbunden mit den Weihnachtswünschen, werde ich eine Botschaft weitergeben. Das habe ich vergangenes Jahr gemacht. Ich beschäftige mich sehr mit dem Sudan. Die Lage im Sudan ist maßlos tragisch. Ich habe einen Text zusammengestellt, auf englisch und auf französisch: „Dreifacher Völkermord im Sudan". Nur ein Blatt. Und ich habe es allen meinen Freunden in der Welt geschickt, zu den 100 Weihnachtskarten hinzugelegt mit der Bitte: „Lies diesen Text, mach 10 Fotokopien und gib sie 10 Freunden. Dann versucht diese Botschaft in die Zeitungen, in den Hörfunk und ins Fernsehen zu bringen." – Drei Monate später sagt man mir: „Pater Boulad, Sie haben einen Artikel in

‚Le Monde' geschrieben." („Le Monde" ist die bekannte Pariser Tageszeitung.) Darauf ich: „Irrtum, ich habe keinen Artikel für „Le Monde" geschrieben." – Aber man beharrte darauf, er sei auf der wichtigsten Seite mit den Leitartikeln." Ich schlage die Zeitung auf und finde tatsächlich den Sudan-Artikel aus meiner Feder. Wer hat ihn eingesandt? Ich weiß es nicht. Einer der Freunde der Freunde der Freunde. Und dank diesem Artikel beginnt jetzt die Sache vielleicht in Bewegung zu kommen, denn „Le Monde" wird in aller Welt gelesen. Die Welt läßt sich nicht mit einem Mal ändern, aber man kann die Tat setzen, die heute getan werden kann, und sie wird sich vervielfachen.

Kürzlich habe ich mit der Wiener Rundfunk-Journalistin Dolores Bauer ein Hörfunkgespräch über die „Wunderbare Brotvermehrung" geführt (Lk 9,11-17). Frau Bauer hat erfreulicherweise dieser Sendung im ORF dann den Titel „Gebt ihr ihnen zu essen!" gegeben. Das war entscheidend, das kleine Wörtchen „ihr"! Der Auftrag Jesu an die Apostel, die Fünftausend zu speisen, ausgehend von nur fünf Broten und zwei Fischen. „Gebt ihr ihnen zu essen, ihr!" Nicht ich. Ich lege euch die Gnade zu! Reichlich!

Gott wirkt Wunder ausgehend von dem wenigen, das wir geben, wenn wir nur alles geben. Dieses Kind hat nicht gesagt: „Ich gebe euch nur ein Brot und einen Fisch, weil ich meinen kleinen Freund habe, weil ich selber Hunger habe …" Nein, es hat gesagt: „Nimm!" – Und wenn jemand ALLES gibt, fällt eine Gnade auf sein Leben und wirkt Wunder. Ich glaube an diese Kraft Gottes, die in meiner Schwäche handelt, wenn ich ihm diese Schwäche hinhalte wie dieser Bub. Das wenige, das ich habe: meine zwei Fische und fünf Brote: Nimm es! Wer ALLES gibt, was er hat, wird Wunder erleben und seinen Augen nicht mehr trauen.

Haben Sie von dem kleinen Ikhbal Masich gehört? Er war zwölf Jahre alt. Er hat in bezug auf die Ausbeutung durch Kinderarbeit in Pakistan die Wirtschaftspolitik verändert, der kleine Bub, der mit vier Jahren von seinem Vater um 12 Dollar an eine Teppichweberei verkauft worden war. Der Besitzer hat ihn, angekettet an einen Webstuhl, mit zwölf Arbeitsstunden pro Tag schändlichst ausgebeutet und dazu geschlagen, bis zu dem Tag, an dem er davonlief. Ikhbal Masich schlug sich durch bis nach Europa und hat hier Kontakt aufgenommen mit der Internationalen Vereinigung zur Befreiung der Kinder (BLLF), die sich mit bedrängten Kindern beschäftigt. Sein Ziel war, Anwalt zu werden und die Kinderarbeit auf der ganzen Welt verbieten lassen. Der Kleine hat sich hingestellt und im Radio und im Fernsehen über seine Erfahrungen gesprochen. Und von da an gab es ein Embargo für Teppiche aus Pakistan, an denen Kinder gearbeitet hatten. Dieser kleine Bub hat eine weltweite Ächtung der Teppiche aus Pakistan herbeigeführt! Seither werden im Land strenge Kontrollen durchgeführt. Vor kurzem hat er für seinen Einsatz für die Verteidigung der Menschenrechte den „Preis der Reebok-Stiftung 1994“ erhalten. Tragisches Resultat: Im April 1995 – es ist erst ein paar Wochen her - wurde Ikhbal Masich ermordet. Er hat für seinen Einsatz mit dem Leben bezahlt. Er war Christ.

Wenn ich sage „Ich kann nichts tun“, wie konnte dann dieser Bub von zwölf Jahren, ein Christ in einem Land mit 99,99 Prozent islamischer Bevölkerung, den Mut zu einer solchen Tat aufbringen? Wie konnte er es wagen? Weil Gott uns inspiriert. Weil er uns braucht. Die christlich inspirierte UN-Deklaration der Rechte des Kindes stammt bereits aus dem Jahre 1959, doch in vielen Ländern steht sie nur auf dem Papier. Hören Sie den Wortlaut:

„Jedes Kind hat das Recht auf Zuneigung, Liebe und Verständnis;
auf angemessene Ernährung und medizinische Versorgung;
auf kostenlose Ausbildung;
auf ausreichende Gelegenheit zu Spiel und Erholung;
auf einen Namen und eine Staatsangehörigkeit;
auf besondere Pflege bei Behinderungen;
darauf, unter den ersten zu sein,
denen in Notsituationen geholfen wird;
darauf, sich als nützliches Mitglied
der Gesellschaft heranbilden
und individuelle Fähigkeiten entfalten zu können;
darauf, im Geiste von Frieden und weltumfassender
Brüderlichkeit erzogen zu werden;
darauf, in den Genuß dieser Rechte zu kommen,
ungeachtet der Rasse, Farbe, des Geschlechts,
der Religion, der nationalen oder sozialen Herkunft.

Ich schließe mit einer Meditation:

DENK NACH! SUCHE! ERFINDE! SEI SCHÖPFERISCH!

Herr, wenn ich auf meinem kleinen Fernsehschirm
die Tragödien sehe, die sich in der Welt ereignen,
kann ich nicht mehr tatenlos bleiben.
Ich kann sie nicht hinnehmen,
ich kann nicht mehr ruhig bleiben
in der schönen Kuschelecke,
meiner kleinen Welt.
Nein, Herr,
durch alles, was mir gezeigt wird
sprichst Du zu mir persönlich.
Du rüttelst mich,
Du rufst mich.
Du wirst die Welt nicht ohne den Menschen verändern.
Du handelst durch die menschliche Freiheit,
die sich einbringt.
Also sage ich: „Ich bin bereit, Herr."
An diesem Morgen sage ich zu Dir:
„Mach aus mir das, was Du für die Welt brauchst."
Wann, Herr? Wie, Herr? Keine Antwort?
Deine Antwort ist ein Appell:
„Denk nach! Suche! Erfinde! Sei schöpferisch!"
Daß Dein Geist, Herr,
mir diesen Morgen die Antwort eingebe,
die ich Dir schuldig bin!
Mit meinen ganzen Kräften,
mit meinem ganzen zukünftigen Leben
will ich Dir helfen, die Welt zu erlösen.
Amen.

Lieferbare Bücher von Henri Boulad

1. **Die Vernunft des Herzens**
   Wohin die Seele strebt
   3. Auflage 1993

2. **Ordne Deine Tage in Freiheit**
   Selbstverwirklichung und Erlösung
   3. Auflage 1997

3. **Alles ist Gnade**
   Der Mensch und das Mysterium der Zeit
   2. Auflage 1992

4. **Im Licht der Hinwendung**
   Vorträge vor Geistlichen, die uns alle angehen
   2. Auflage 1994

5. **Dimensionen der Liebe**
   Persönliche Aufzeichnungen
   3. Auflage 1995

6. **Zeugnis der Wahrheit**
   Interviews und Gespräche
   2. Auflage 1994

7. **Gottessöhne, Gottestöchter**
   Gelebte Existenzreligion
   3. Auflage 1995

8. **Der mystische Leib**
   Kosmischer Zugang zur Eucharistie
   3. Auflage 1995

9. **Jesus in diesen Tagen**
   Zwölf moderne Gleichnisse
   3. Auflage in Vorbereitung